한국의 사회개혁과 참여민주주의

본 저서는 2004년도 한국학술진흥재단의 협동연구지정과제 지원에 의하여 연구되었음(KRF - 2004 - 044 - B00056)

한국의 사회개혁과 참여민주주의

연세대학교 사회과학연구소 편

최연식 외 지음

도서출판 서울경제경영

머 리 말

1987년 이후 지난 20여 년간 한국사회는 시민들의 자발적이고도 폭발적인 참여에 기대어 형식적 민주주의를 성취하는 데 필요한 최소한의 요건들을 충족시켜 왔다. 사실 실질적인 민주주의의 완성은 건전한 시민들의 자발적인 참여로부터 출발한다. 이 점에서 다양한 영역에서 표출된 시민들의 적극적 참여는 한국 민주주의의 성숙도를 가늠하는 지표가 되기도 했다. 그러나 시민참여의 단순한 양적 증대가 곧 성숙한 민주주의의 필요충분조건은 아니다. 참여의 확대가 민주적이고 다원화된 사회의 지표이기는 하지만, 동시에 절제되지 않은 참여의 폭발은 오히려 사회의 갈등을 증폭시킬 수도 있다. 성숙한 사회의 민주주의는 토론과 성찰의 과정을 통해 일방통행으로 분출되는 참여를 효과적으로 조절하는 능력과 절차를 갖춘 민주주의이다. 민주화 그 자체보다도 민주화 이후의 민주주의가 더 중요한 것은 토론과 성찰을 외면한 형식적 민주주의의 단계에서는 상생의 사회개혁을 기대할 수 없기 때문이다.

이 책은 한국사회가 이룩한 참여민주주의 성과와 한계들을 다각적으로 점검하여, 미래의 사회개혁을 위한 과제와 방향을 제시하고자 기획한 공동연구의 결실이다. 학제적으로는 정치학, 행정학, 사회학 등 사회과학 각 분야의 역량 있는 필진들이 참여하였고, 쟁점별로는 정치이념, 시민운동과 선거제도, 전자정부와 전자민주주의 등의 문제들이 '한국의 사회개혁과 참여민주주의' 라는 공동의 화두를 매개로 논의되었다. 물론 한국의 사회개혁과 참여민주주의에 대한 사회과학계의 논의는 그동안 수를 헤아릴 수 없을 정도로 다양하게 제시되었다. 그럼에도 불구하고 이 책에 참여한 6명의 필진들이 한국의 민주주의에 대한 이론적 성찰을 새삼스럽게 시도한 것은 역사적 경험과 이론에 대한 성찰이 동시대의 현장에서 제기되는 다양한 요구에 조응해야 한다는 간절한 소망 때문이었다. 이 점에서 이 책은 단순한 학제적 연구를 넘어서 이론과 실천의 변증을 지향한다.

이 책은 한국학술진흥재단이 지원한 2004년도 협동연구 지정과제였던 "참여민주적 한국사회 개혁의 방향과 과제"의 결과물이다. 이 프로젝트에는 최연식 교수, 양진석 박사, 이황직 교수, 조성대 교수, 정철현 교수 등 5명의 연구자들이 참여하였고, 프로젝트의 구성원은 아니었지만 정현백 박사도 외부 필진으로 참여하여 연구의 완성도를 높이는데 기여하였다. 이 분들의 성의 있는 연구와 헌신적인 참여가 없었다면, 이 책이 이처럼 짜임새 있는 형태로 출판되기 어려웠을 것이다. 연세대학교 사회과학연구소의 장동진 소장은 이 연구의 기획단계에서부터 적극적인 도움을 주었을 뿐만 아니라, 이 프로젝트의 원활한 진행을 위한 연구소의 행정적 지원을 아끼지 않았다. 전문적인 연구서의 발간을 기피하는 출판계의 관행을 깨고 기꺼이 출판을 맡아준 도서출판 서울경제경영의 김은중 사장께도 감사드린다. 그리고 무엇보다도 온갖 궂은일을 마다않고 실무적인 업무를 도맡아준 연세대학교 대학원 정치학과에 재학 중인 장휘 군과 김호직 군에게도 깊은 감사의 뜻을 전하고자 한다.

2005. 12. 27.

저자들을 대표하여

최 연 식 씀

차 례

Part 5 전자민주주의 구현을 통한 참여 민주주의 기반 확충 / 정현백

Part 1

조선시대 사림의 정치참여와 향촌자치의 이념

최연식(연세대학교 정치외교학과)

조선시대 사림의 정치참여와 향촌자치의 이념*

I. 서론

역사학계에서는 일반적으로 조선시대 정치체제의 성격을 '유교적 중앙집권체제'로 규정해 왔다.[1] 즉 역성혁명으로 건국된 조선을 전조(前朝)인 고려와 구별할 수 있는 질적 차별성은 무엇보다도 유교와 중앙집권체제라는 이념적 · 제도적 특성에서 찾을 수 있다는 것이 기존 역사학계의 통념이었다. 특히 이수건의 연구에 따르면, 명분상의 왕권을 정점으로 유교적 양반관료에 의해서 통치된 조선의 중앙집권적 정치체제가 500여 년 동안 지속될 수 있었던 것은 국왕

---

* 이 논문은 『한국정치외교사논총』, 제27집 1호(2005. 8)에 게재된 논문을 수정 보완한 것임.

1 예컨대 이수건과 이태진은 1980년대 이전까지 역사학계에서 축적된 연구 성과를 정리하면서, 조선시대 정치체제의 성격을 각각 '유교를 지도이념으로 하는 집권적 양반관료국가'(李樹健 1981, 110), 또는 '중앙집권적 양반관료제'(李泰鎭 1987, 245)로 규정한 바 있으며, 이 점에 대해서는 현재의 역사학자들도 대체로 동의하고 있다(임민혁 2003, 67).

→ 감사(監司) → 수령(守令)으로 이어지는 관치행정(官治行政) 계통, 경재소(京在所) → 유향소(留鄕所) → 면 · 리임(面 · 里任)으로 연결되는 재지사족 중심의 자치적 행정체계, 그리고 이들 사이에 존재했던 상계리(上計吏) · 경저리(京邸吏) · 영리(營吏) · 읍리(邑吏) 계통 등 세 가지의 행정계통이 서로 견제와 균형을 유지할 수 있었기 때문이었던 것으로 파악되었다(李樹健 1989, 18).

그러나 이러한 조선시대 정치체제의 성격에 관한 역사학계의 통념적 이해를 수용하기에 앞서 다음과 같은 두 가지 문제에 주의할 필요가 있다. 우선 지적해 두어야 할 것은 정치행정체제의 중앙집권적 성격을 지나치게 강조할 경우, 조선조의 장기지속을 가능케 했던 관치행정과 자치행정 사이의 길항관계가 간과될 우려가 있다는 점이다. 예컨대 조선시대 중앙집권적 양반관료국가의 핵심 구성원이었던 지방의 사족(士族)들은 고려시대의 토호(土豪)들과 달리 자신들의 권익을 중앙정치에서 실현하려는 강한 '서울지향성'과 '관료지향성'을 드러냈던 것도 사실이지만(李樹健 1989, 14), 동시에 이들의 중앙관료를 향한 열망이 실현되기 위해서는 중앙정부의 간섭으로부터 독립된 자치공간의 확보가 무엇보다도 중요했다. 이 점에서 동양적 전제주의(oriental despotism)의 이념적 전제가 되었던 왕토사상(王土思想)[2]은 적어도 조선에서는 실체적 개념이었다기보다

2 왕토사상의 근거로 자주 인용되는 「普天之下 莫非王土 率土之濱 莫非王臣 大夫不均 我從事獨賢」이라는 시는 『시경(詩經)』 소아(小雅) 북산(北山)의 한 구절이다.

는 의제적(擬制的) 표현에 불과했으며, 실제로는 토지지배방식을 둘러싸고 국가에 의한 조세수취체계와 지주에 의한 지대수취체제 사이에 길항관계가 형성되고 있었다.[3]

다음으로 지적해 두어야 할 것은 유교이념과 중앙집권체제 사이에 일정한 친화력이 존재한다는 통설을 유교이념과 전제권력 사이의 친화력으로 오해해서는 안 된다는 점이다. 오히려 맹자는 일찌이 군주의 인사(人事)와 정치를 함부로 비난할 수 없는 상황에서도, 대인은 군주의 그릇된 마음을 바로잡을 수 있어야 하며, 군주를 바로잡아야 국가가 바로잡힌다는 격군론(格君論)의 전형을 제시한 바 있었다.[4] 또한 진(秦) 시황(始皇)의 분서갱유(焚書坑儒)로 훼손된 유학을 부활시켜 '유교의 국교화'를 시도했던 동중서(董仲舒, c.179~c.104 B.C.)의 관점에서도 군주는 그 누구보다 존귀한 존재였지만,[5] 그렇다고 그가 군주의 전제권력을 일방적으로 옹호했던 것은 아니었다.[6] 크릴이 정확하게 지적했듯이, 『춘추』의 대의에 견주

3 조선시대의 토지소유구조는 신민(臣民)이 소유하고 있던 토지를 뒤에 출현한 전제왕권이 이데올로기적으로 자기 소유의 토지로 수렴하는 중층적 구조로 형성되어 있었으며, 따라서 이 경우 상급소유권자인 국가(또는 국왕)의 영유권보다는 하급소유권자인 신민의 토지소유권이 실체에 더 가까운 소유권이었다(김태영 1987, 12~13).

4 『孟子』, 離婁上: 「孟子曰 人不足與適也 政不足間也 唯大人能格君心之非 君仁 莫不仁 君義 莫不義 君正 莫不正 一正君而國正矣」

5 "『춘추(春秋)』에서도 군주를 악(惡)으로 표현하지 않았고, 신하를 선(善)으로 표현하지 않았듯이, 선은 모두 군주에게 속하는 것이며, 악은 모두 신하에게 속하는 것"이라고 지적했듯이, 동중서가 존군신비(尊君臣卑)의 관념에서 벗어나 있었던 것은 아니었다. 『春秋繁露』, 陽尊陰卑: 「春秋君不名惡 臣不名善 善皆歸於君 惡皆歸於臣」

6 예컨대 동중서는 한(漢) 무제(武帝)에게 올린 이른바 『현량대책(賢良對策)』에서 정당성을 상실한 권력에 대한 하늘의 경고를 다음과 같이 경계한 바 있다. "신이 삼가 『춘

어 천인감응(天人感應)의 관념을 해석한 동중서의 논법은 황제의 독재를 견제하기 위해 고안된 것이었고, 동중서의 이러한 논법은 후대의 유학자들에 의해서도 동일하게 사용되었다(Creel 1960, 148). 특히 송(宋) 대에 이르면 천하의 일은 황제만의 전유물이 아니라는 사대부(士大夫)의 책임의식이 발현함에 따라, 구양수(歐陽修, 1007~1072)의 경우처럼 사대부의 입장에서 황제의 권력 자체를 비판할 수 있게 되었다.**7** 게다가 조선의 왕권은 중국의 황제권에 비해 관료제로부터 훨씬 많은 제약을 받았기 때문에, 유교이념을 왕권의 입장에서 자의적으로 활용할 수 없는 경우가 대부분이었다.

이 논문은 이상과 같은 두 가지 예비적 전제를 바탕으로, 조선시대의 사림세력과 전제왕권 사이에 존재했던 길항관계를 그러한 긴장과 대립을 가능케 했던 지역적 기반으로서의 향약(鄉約)에 내포된 향촌자치의 이념에 주목하여 분석하고자 한다. 이를 위해서 이 논문

추』의 내용을 검토하던 중에 지난 세대에 이미 시행된 일들을 통해서 하늘과 사람의 상관관계를 관찰했더니, [그것은] 매우 두려워할 만한 것이었습니다. 국가가 장차 도(道)를 잃고 패망하게 되면, 하늘이 먼저 재해를 내려 견책하고 경고합니다. [그런데] 스스로 반성할 줄 모르면, 또 괴이(怪異)를 내려 놀라고 두려워하게 합니다. [그럼에도 불구하고] 오히려 변할 줄 모르면, 마침내 해를 끼쳐 패망에 이르게 합니다. 이것으로써 천심(天心)이 군주를 사랑하기 때문에 변란을 그치게 하고자 한다는 것을 알 수 있습니다. [그러므로] 도로 다스려지는 세상을 스스로 크게 망치려는 자가 아니라면, 하늘은 정성껏 그를 지지하여 안전하게 지켜주려고 할 것이니, [군주의] 일이란 굳세게 힘쓰는 것에 있을 따름입니다." 『漢書』, 卷56, 董仲舒傳: 「臣謹案春秋之中 視前世已行之事 以觀天人相與之際 甚可畏也 國家將有失道之敗 而天乃先出災害以譴告之 不知自省 又出怪異以警懼之 尚不知變 而傷敗乃至 以此見天心之仁愛人君而欲止其亂也 自非大亡道之世者 天盡欲扶持而全安之 事在彊勉而已矣」

7 구양수는 종수론(縱囚論)과 붕당론(朋黨論)으로 황제의 능력과 자질을 비판한 것으로 유명하다(申採湜 1993, 96~101).

에서는 먼저 조선시대 향약의 모델이 되었던 주희(朱熹, 1130~1200)의 향약을 검토하여, 사대부 중심의 향촌자치 이념에 내포된 정치적 의미를 분석하고자 한다. 다음으로 이 논문에서는 중종대에 조광조 등 신진 사류(士類)에 의해 향약설치 문제가 제기된 이후 이황과 이이에 의해 구체적인 향약의 모형이 제시되기까지의 과정을 검토함으로써 주희의 향약과 구별되는 조선 향약의 전형적 모습을 재구성하고자 한다.

II. 사대부의 정치이념과 『주자증손여씨향약』

원래 중국 역사에서 사대부란 용어는 춘추시대까지 유지되었던 전통적인 사회질서가 붕괴되고 자유로운 계층이동이 가능했던 전국시대라는 독특한 시대분위기 속에서 만들어진 용어였다. 예컨대 전국시대에 편찬된 『주례(周禮)』에 "앉아서 도(道)를 논하는 자를 왕공(王公)이라 하고, [사업을] 일으켜 행동하는 자를 사대부라 한다"[8]는 표현에서 볼 수 있듯이, 사대부란 전국시대 이래로 왕공 아래의 관료집단을 총칭하는 용어로 사용되기 시작했다.[9] 그 후 사대부를 정치적 지배계급으로서의 문·무 관료집단으로 규정하는 전국시대

8 『周禮』, 冬官考工記: 「坐而論道謂之王公 作而行之謂之士大夫」
9 비슷한 용례를 『묵자(墨子)』 삼변편(三辯篇)과 『순자(荀子)』 군도편(君道篇)에서도 찾을 수 있다.

의 용례는 큰 의미변화 없이 송 대 이전까지 일관되게 사용되었다(梁鍾國 1996, 49~56).

그러나 당송(唐宋) 변혁기에 중국사회의 구조가 전면적으로 재편되는 과정에서[10] 사대부의 개념에도 변화가 나타나기 시작했다. 특히 사대부 개념의 변화를 초래한 가장 중요한 요인 중의 하나는 송 태조가 독서인(讀書人)을 재상으로 삼아야 한다는 방침을 세우고 유자(儒者)들을 중용하면서 시작된 문치주의 정책이었다.[11] 송 태조의 문치주의 정책은 남송(南宋) 순우(淳祐) 9년(1249)에 무인 출신의 조규(趙葵)가 재상이 되었을 때, 재상은 독서인으로 임명해야 한다는 반대에 부딪혀 다시 그를 파면시킬 정도로(『宋史』, 卷 417, 趙葵傳) 남송 대까지도 변함없이 지속되었다(梁鍾國 1996, 58). 게다가 송 대에는 이러한 문치주의 정책과 함께 관학(官學)과 사학(私學)이 상호 보완적인 측면에서 지방교육의 발전을 도모했고, 인쇄술의 발달로 학문연구의 기회가 확산되면서 광범위한 지식인층(讀書人層)이 형성될 수 있었다(梁鍾國 1996, 63~72). 따라서 송 대 이후의 사대부 개념은 문·무를 포함한 관료집단 일반에 적용되었던 종래의 개념에서 벗어나서 무신관료가 배제된 포의(布衣)의 독서인층 일반을 포괄하는 새로운 개념으로 사용되기 시작했다.

---

10 당송 변혁기에 나타난 여러 가지 측면에 사회변혁문제에 대해서는 辛聖坤(1989) 참조.
11 『續自治通鑑長編』, 卷7, 太祖 乾德 4年: 「宰相須用讀書人」

사대부 사회를 형성했던 송 대의 독서인층은 경제적인 측면에서는 대체로 지주계급에 속했다. 이들의 경제적 배경은 당(唐) 말에 등장했던 신흥지주층이었으며, 이들은 지방에 소유한 소규모의 장원을 기반으로 지역사회의 지도자로 활동하고 있었다. 그러나 이와 같은 경제적 배경이 송 대 사대부의 성격을 규명하는 필수조건은 아니었다. 오히려 송 대 사대부의 특징은 그들이 유교적 교양을 갖춘 지식인들이었으며, 과거를 거쳐 관료로 임용될 것으로 기대되는 사람들이었다는 점에서 찾을 수 있다(시마다겐지 1986, 20). 특히 과거제도는 사대부사회가 성장하는 데 동력을 제공한 촉매제였다.[12] 예컨대 송 대에는 과거시험 답안지에 수험자의 이름을 봉하는 봉미법(封彌法)과 답안을 일괄적으로 필사하여 필체의 차이를 없애는 등록법(謄錄法) 등을 활용하여, 과거의 합격 여부에 응시자의 사회적 지위나 신분이 영향을 미치지 못하도록 사전에 예방했다(河元洙 1989, 77). 게다가 국가는 과거응시생들에게 다양한 사회적 특권을 제공하여 사대부의 관료화를 권장했다. 이 점에서 송 대의 사대부들이 관료로 전환되기 위해서는 국가권력의 지원이 필요했다.

그러나 이처럼 송 대의 사대부들이 과거를 통해 관료로 성장하는 과정에서 국가권력의 외피를 필요로 했다고 해서, 그들이 단지 군주 또는 국가권력에 일방적으로 예속된 타율적 존재였던 것만은 아니다. 오히려 그들이 성장하기 위해서는 자신들의 경제적 기반인 지역

12 송 대의 과거제도가 사대부사회의 성장에 미친 영향에 대해서는 Chaffee(2001) 참조.

사회에서 실질적인 지배층으로 활동하는 것이 중요했다. 특히 송 대는 농업생산력의 발전이 비약적으로 이루어진 시기였기 때문에(李範鶴 1989a, 128~137), 사대부들은 수리(水利)사업에 적극적으로 참여함으로써 지역사회의 주도권을 확보하고자 했다. 물론 당시에도 수리사업의 책임은 전적으로 중앙정부나 중앙정부로부터 권한을 위임받은 지방정부에 있었다. 그러나 실제 사업과정에서 발생하는 제반 비용과 부담은 수리사업의 일차적인 수혜자들인 지역사회의 구성원들이 짊어지고 있었기 때문에, 경제적 능력을 갖춘 유력자들이 사업에 적극적으로 참여함으로써 지역사회를 실질적으로 지배하고자 했다(河元洙 1989, 92~93). 송 대의 사대부들은 국가권력이 부여한 특권을 배경으로 성장했지만, 동시에 그들은 지역사회의 실질적인 지배층으로 활동함으로써 국가권력으로부터 자율성을 확보하고자 노력했다는 점에서 이중성을 갖고 있었다.

이처럼 송 대의 사대부들은 일정한 경제적 기반을 배경으로 지역사회에서 지배력을 행사하고 있었던 관료후보군들을 통칭하는 보편적 개념이었다. 그러나 바로 이 점 때문에 송 대 사대부사회는 자연히 지역적 기반과 학문적 배경에 따라 입장의 차이를 보이는 다양한 학파로 분화되어 있었다.[13] 특히 신종(神宗)에 의해 왕안석(王安

13 송 대의 사상계는 이학(理學)과 공리사상이 주류를 형성하고 있었지만(蕭公權 1982, 482), 이들을 지역적 기반과 학문적 경향에 따라 세분하면 당시에는 공리주의적 경향의 신학파(新學派), 도덕적 지도력을 강조하는 보수주의적 경향의 삭학파(朔學派), 수신과 형이상학을 중시하는 낙학파(洛學派), 개혁세력과 보수세력 사이의 대립 속에서

石, 1021~1086)이 등용되면서, 북송의 사대부사회는 국가에 의한 통제질서를 강조하는 신법(新法)세력과 사대부들이 주도하는 자율적인 민간질서를 강조하는 구법(舊法)세력으로 양분되었다.

우선 북송 대의 정국을 주도하며 사상계의 주류를 형성했던 세력은 구양수, 이구(李覯, 1009~1059), 왕안석 등의 신법세력이었다. 그 중에서도 왕안석은 『주례』를 국가구성의 최고원리로 강조했던 이구의 전통을 계승하여, 『춘추』를 강조했던 보수파와 대립했다. 왕안석은 『주례』가 이상적 제도의 원형일 뿐만 아니라, 국가가 수행해야 할 최선의 역할을 구체적으로 제시하고 있다는 점에서 이구의 견해를 받아들였다(류 1991, 49). 그러나 왕안석이 단지 『주례』만을 답습했던 것은 아니었다. 왕안석은 『맹자(孟子)』를 비판했던 이구와 달리, 경제의 안정을 위한 국가의 역할을 강조한 맹자를 높이 평가했다(류 1991, 52~53).

반면에 사마광(司馬光, 1019~1086) 등의 구법세력은 제도에 초점을 맞춘 『주례』보다는 대의(大義)에 초점을 맞춘 『춘추』를 강조했다(李範鶴 1991). 그들에게 있어서 『춘추』는 공자가 직접 밝힌 도덕적 원리에 입각하여 정치적 행위의 판단규범을 수립한 것으로, 이러한 도덕적 원리는 항구불변하며 보편적인 것이었다(류 1991, 50). 구법

주변부적 위치를 차지하고 있던 촉학파(蜀學派) 등의 네 가지 흐름이 공존하고 있었다 (류 1991, 44~47).

세력은 『맹자』에 관해서도 신법세력과 다른 입장을 보였다.[14] 그들은 『맹자』가 유교적 전통에서 벗어난 이단사상이며, 제자들의 견강부회(牽强附會)로 인해 엄격한 도덕적 판단과 신분질서에 대한 확고부동한 신념을 결여한 채 편의주의로 흐를 가능성이 있다고 혹평했다(류 1991, 53). 이처럼 구법세력은 정치제도의 급진적인 개혁보다는 부분적인 개선을 선호했고, 경제문제에 대한 국가의 간섭이 가져올 효과에 대해서도 회의적인 입장을 보였다.

그러나 북송 초기의 사상계를 주도했던 것은 공리주의적 경향의 신법세력이었다. 국가의 영향으로부터 독립된 사대부들의 자치활동을 강조한 향약이 주목받지 못했던 것도 그 때문이었다. 향약은 이미 북송(北宋) 때 여대균(呂大鈞, 1031~1082)에 의해 시도된 바 있었지만, 당시에는 사상계의 이목을 전혀 끌지 못했다. 그러나 북송이 금(金)에 패망하여 남송 정권이 수립되면서 상황은 역전되었다. 북송의 사상계를 이끌었던 신법세력에게 북송패망의 책임이 전가되면서, 남송의 사상계는 이제 구법세력에 의해 주도되기 시작했다. 이 과정에서 주희는 신법파의 공리주의에 대항하면서도, 이들이 강조했던 경세적(經世的) 관심을 구법파의 도덕적 대의론과 조화시킬 수 있는 방법을 모색했다. 말하자면 주희는 전체(全體)와 대용(大用)의 조화를 추구했고,[15] 그것의 구체적인 실험으로 제시된 것이

---

14 특히 사마광은 그의 글 『의맹(疑孟)』에서 맹자의 역성혁명론을 명분론의 관점으로 비판했다(曺永祿 1995, 174~180).

북송 때 시도되었던 향약을 재조명하는 것이었다.[16]

남송 때 주희가 보급한 향약은 원래 북송 경조부(京兆府) 남전현(藍田縣)에 살았던 여씨(呂氏) 형제들이 만든 향약을 수정 보완한 것(「增損呂氏鄕約」)이다. 여씨 형제들은 장재(張載, 1020~1077), 정호(程顥, 1032~1085), 정이(程頤, 1033~1107) 등의 문하에서 성리학을 수학했으며(李成茂 1991, 58~66), 이들은 향촌사회를 도학적 관점에서 교화할 목적으로 향약을 창안했던 것으로 알려져 있다(이근명 2002, 277). 그러나 북송 당시 향약은 별다른 사회적 반향을 불러일으키지 못했고, 제대로 시행되지도 않았다. 그것은 향촌의 자치적 질서를 허용하지 않았던 북송 대의 정치 · 사회적 또는 사상적 분위기 때문이었다.

그 후 남송 때 양자강(揚子江) 이남이 개발되면서 상황은 급격히 변했다. 특히 향촌에 세력기반을 둔 재지의 지배세력들로서는 자신들에게 유리한 향촌질서를 확립하여 그 구성원들을 교화시키는 것이 무엇보다 중요한 일이었다. 따라서 그들은 향약, 서숙(書塾), 서원(書院), 사창 등의 향촌자치기구를 만들어 운영했다. 이 중에서도 특

---

15 『朱子語類』, 卷6, 性理3, 仁義禮智等名義: 「道者 兼體用 該隱費而言也」

16 향약 이외에도 주희는 전체와 대용의 조화를 실현하기 위해 사창(社倉)제도를 실시한 바 있다. 사창제도는 송 건도(乾道) 4년(1168)에 주희가 건령부(建寧府) 숭안현(崇安縣)에서 기근을 구제할 목적으로 지역의 부호들에게 소장미(所藏米)를 방출하도록 권고했던 것에서 시작되었다. 당시 주희가 실시했던 사창제는 순수하게 민간이 운영하는 방식은 아니었지만, 그 운영의 주체는 관(官)이 아닌 민이었다. 특히 주희는 왕안석의 청묘법(靑苗法)이 민에 의해 주관되지 않고 관에 의해 주관되었다는 점을 비판했다(李範鶴 1989b, 229~230; 守本順一郎 1985, 150).

히 향약은 덕업상권(德業相勸), 과실상규(過失相規), 예속상교(禮俗相交), 환난상휼(患難相恤) 등의 네 가지 덕목으로 향촌을 교화하여 유교적 향촌질서를 구축하려는 목적에서 고안된 것이었다. 주희가 향약에 관심을 갖고 「증손여씨향약」을 보급한 것도 이러한 이유에서였다.

주희의 「증손여씨향약」은 그 스스로 "남전 여씨의 향약에 약간의 수정을 가했다"고 술회했듯이,[17] 기본적으로는 「여씨향약」을 답습한 것이었다. 그러나 주희는 원래의 「여씨향약」에서는 간단히 언급된 예속상교의 내용을 대폭 보완하고, 월례모임의 규칙(月旦集會讀約之禮)을 덧붙임으로써 보다 체계적인 향촌자치규약을 만들고자 했다. 우선 주희가 여대균의 「향의(鄕儀)」를 참고하여 기존의 「여씨향약」에 예속상교의 내용을 보완했던 것은 덕치와 예치를 강조하는[18] 유교정치의 이념적 전통을 향촌사회에 구현하고자 했기 때문이다.[19] 즉 여대균은 혼인(婚姻), 상장(喪葬), 제사(祭祀)에 관해서는 이미 『예경(禮經)』에 상세하게 실려 있기 때문에 상술할 필요가 없다고 판단했지만,[20] 반면에 예의 사회규범적 기능을 강조했던 주희

17 『朱子大全, 卷74, 雜著, 增損呂氏鄕約: 「以上鄕約四條 本出藍田呂氏 今取其他書及附己意 稍增損之 以通于今」

18 『論語』, 爲政: 「道之以政 齊之以刑 民免以無恥 道之以德 齊之以禮 有恥且格」

19 이와 관련하여 윤사순도 과실상규와 환난상휼은 덕업과 예속에 대한 실천적 덕목이라는 점에서 향약의 요체는 덕업상권과 예속상교에 있다고 보았다(윤사순 2002, 28).

20 『續修四庫全書』, 子部, 儒家類, 呂氏鄕約: 「凡行婚 喪葬祭祀之禮 禮經具載 亦當講求如未能遽行 且從家傳舊儀 甚不經者 當漸去之」

는 「향의」에 실렸던 공동체적 위계질서에 대한 규약을 예속상교의 내용으로 보완했던 것이다. 특히 이와 관련하여 「증손여씨향약」에 담긴 예속상교의 내용 중에서 주목해야 할 부분은 연령의 장유(長幼)는 문제 삼고 있지만, 신분의 고하(高下)는 크게 문제 삼지 않았다는 점이다. 예컨대 주희가 예속상교의 첫째 기준으로 존자(尊者: 자신보다 20세 이상 많은 자), 장자(長者: 자신보다 10세 이상 많은 자), 적자(敵者: 자신보다 위아래로 차이가 10세 미만인 자), 소자(少者: 자신보다 10세 이상 어린 자), 유자(幼者: 자신보다 20세 이상 어린 자) 등 다섯 등급만을 제시했던 것에서도 알 수 있듯이,[21] 향약은 신분의 구분이 불필요한 사대부사회 내부의 자치규약으로 제시된 것이었다.

다음으로 주희는 「여씨향약」에는 없었던 월단집회독약례(약칭 독약례)를 추가하여 향약의 실천에 필요한 강제규정을 두었다. 주희가 규정한 독약례의 대체적인 원칙은 매월 초하루에 도여 미리 정해진 엄격한 의식과 절차에 따라 향약의 내용을 문답하는 것으로 구성되어 있었다. 따라서 향약의 구성원으로 참여하기 위해서는 상당한 정도의 유교적 소양을 갖추어야 했고, 이 점에서도 향약은 사대부만을 위한 배타적인 자치규약이었다는 사실을 확인할 수 있다. 또한 독약례에서는 향약 구성원들의 선행과 과실을 각각 선적(善

21 『朱子大全』, 卷74, 雜著, 增損呂氏鄉約: 「尊幼輩行 凡五等 曰尊者 曰長者 曰敵者 曰少者 曰幼者」

籍)과 과적(過籍)에 기록하여 그들을 규제하기 위한 자료로 활용했다. 이 점에서 향약은 사대부사회 내부의 자치규약이면서 동시에 강력한 사회적 구속력을 가진 규범체계였다. 드 배리(de Bary)가 지적했듯이, 주희는 지방자치에 대한 국가의 간섭을 제한하고 보다 자율적인 지역 자치단위들이 권한을 나누어 가진 기초 위에서, 형벌과 법률 대신 교육과 예법의 준수를 근간으로 하는 사회개혁을 추진하고자 했던 것이다(드 배리 1998, 76~77).

III. 조선시대 사림의 정치적 진출과 향약

주희의 성리학은 이미 고려 말부터 보급되기 시작했지만, 향약의 보급이 본격적으로 논의된 것은 조선 중종 때였다. 적어도 이 이전까지는 향촌세력의 자율성을 강조하는 향약에 대한 논의는 일종의 정치적 금기사항이었던 셈이다. 사실 조선의 설계자들은 지방분권적 체제보다는 중앙집권적 체제를 선호했다. 정도전(鄭道傳, 1342~1398)이 구상했던 최초의 정치체제도 재상을 중심으로 한 중앙집권체제였고, 이방원에 의해 정도전이 제거된 태종 대 이후에는 국왕을 중심으로 한 중앙집권체제가 세조 대까지 별다른 변화 없이 지속되었다. 조선이 건국된 직후에는 성리학 그 자체도 이론적으로 성숙되지 못했지만, 이 시기의 정국을 주도했던 관학파(官學派) 역시 공법(公法)과 공권력(公權力)에 의한 중앙집권체제 강화를 강조하면서 주희의 정치이념을 수용하는 데는 소극적인 태도를 보였다. 이 점에서 향약의 보급은 성리학의 이론적 성숙 및 사림세력의 정치적 성장과 밀접하게 연관되어 있었다.

조선이 건국 초부터 추진했던 중앙집권적 정치체제는 현실적으로 매우 불완전한 제도였다. 즉 조선은 국왕 → 감사 → 수령으로 이어지는 일원적인 행정체계를 수립하여 관권(官權) 우위의 정책을 지방의 말단 행정단위까지 관철시키고자 했지만, 실제 지방행정은 향촌세력의 협조 없이는 실현되기 어려웠다. 게다가 건국 초의 수령들은 대부분 과거를 거치지 않고 임명되었기 때문에, 유향품관(留鄕品官)들보다 질적으로 나을 것이 없었으며, 유향품관들이 품계 상으로는 지방의 수령보다 오히려 높은 경우도 많았다(李泰鎭 1989, 144). 따라서 본래부터 향촌자치를 지향했던 지방의 중소지주들은 관권 우위의 향촌정책이 국가에 의해 일방적으로 강요되자, 이에 대응하기 위한 대안을 모색하지 않을 수 없었다.

중소지주 출신의 성리학파가 자율적인 향촌질서를 확립하기 위해 처음으로 시도했던 것은 사창법과 유향소 복립(復立)운동이었다. 우선 주희가 고안한 사창법이 향촌자치의 방법으로 논의되기 시작한 것은 세종 중기 무렵이었다. 이때 사창법은 지방의 품관을 중심으로 이(里) 단위의 공동체적 유대를 형성하여 흉황(凶荒)을 타개하는 방법으로 제시되었다(『世宗實錄』, 22년 3월 乙丑; 李泰鎭 1989, 151). 특히 이때 제안된 사창법은 주희의 사창법을 모델로 제시했다는 점에서, 성리학적 소양을 갖춘 향촌세력들이 관권의 개입을 배제하고 자율적인 향촌질서를 구축하기 위해 시도한 것이었다. 그러나 유력한 권세가가 자신의 근거지에 사창이 설립되지 못하도록 수령에게 압력을 가했던 사례에서 볼 수 있듯이(『世祖實錄』, 8년 1월 癸亥; 李泰鎭 1989, 155), 자율적인 향촌질서를 구축하려 했던 재지사족들의 시도는 중앙정치의 압력에 매우 취약한 구조를 갖고 있었다.

자율적인 향촌질서를 구축하려는 재지사족들의 시도가 새로운 전기를 맞게 된 것은 성종 때였다. 성종의 시대는 『경국대전(經國大典)』이 완성된 것에서도 알 수 있듯이, 건국 이래 추진되었던 중앙집권체제의 제도적 정비가 마무리되었던 시기였지만, 동시에 정치제도의 운영에 관한 새로운 실험과 도전이 모색되던 시기였다. 와그너(Edward W. Wagner)에 따르면, 이 시기의 새로운 실험과 도전은 사헌부(司憲府), 사간원(司諫院), 홍문관(弘文館)으로 구성된 삼사(三司)에 의해 주도되었다. 삼사 간관(諫官)들의 역할이 이처럼 성종 대에 부각될 수 있었던 것은 성종의 즉위가 갖는 다음과 같은 특이성들 때문이었다. 우선 성종은 비록 12살의 어린 나이에 즉위했지만, 찬탈을 통해 왕위를 계승한 그의 조부 세조의 경우와 달리, 정상적인 과정을 통해서 왕위를 계승했기 때문에 훈척세력들의 압력으로부터 상대적으로 독립적일 수 있었다. 게다가 성종은 왕대비(世祖의 妃 貞熹王后 尹氏)의 섭정기간 동안 철저하게 유교적 소양을 쌓았기 때문에, 왕권의 행사에 대한 상당한 정도의 제약도 그다지 심각하게 받아들이지 않는 경향이 있었다(Wagner 1974, 23~24). 그 결과 성종 대에는 신진관료들로 구성된 삼사의 간쟁활동이 광범위하게 허용됨으로써, 정치권력의 중심이 훈척세력으로부터 신진관료들에게로 자연스럽게 이동되었다.

특히 성종 7년(1476)에 그의 친정(親政)이 시작되면서(『成宗實錄』, 7년 1월 戊午), 간쟁활동에 대한 성종의 관용적 태도가 더욱 분명해지자, 삼사의 간관들은 정부의 고위 관원들뿐만 아니라 왕실까지도 비판의 대상으로 삼고 공격하기 시작했다(Wagner 1974, 27). 게다가 이들은 중앙정계에서 자신들의 위치가 어느 정도 확고해지자, 성종 13년(1482)부터 본격적으로 유향소 복립 문제를 제기하여 중앙집권적 지방행정체계에 저항하기 시작했다. 물론 이들이 제기한 유향소 복립운동은 세조 말에 혁파된 유향소를 부활시키자는 것이었다. 그러나 이들이 제기한 유향소 복립운동은 단순히 과거의 제도를 부활하는 것에 그치지 않았다. 즉 세종 10년(1428)에 복립된 유향소는 수령을 고소하거나 능멸하는 활리(猾吏)와 간민(姦民)을 규제하는 데 초점이 맞추어진 관권 위주의 기구였다면, 사림파가 복립하고자 했던 유향소는 향촌질서의 파괴자들을 통제하는 자치기구의 성격을 띠고 있었다. 이 점에서 성종 19년(1488)에 복립된 유향소는 향촌자치의 중심기구로서, 중앙집권체제의 보조기구 역할에 그쳤던 과거의 유향소와는 판이한 성격을 띠게 되었다(李泰鎭 1989, 159).

우선 이 시기의 유향소 복립운동에서 가장 주목되는 것은 이 운동이 『주례』의 향촌자치에 관한 규정을 따르고자 했다는 점이다. 물론 『주례』는 이미 조선 건국 초부터 국가질서의 모범으로 인식되어 정도전의 『조선경국전(朝鮮經國典)』에서도 적극적으로 활용된 바 있었다. 적어도 조선 초기의 관학파들에게 있어서 『주례』는 중앙집권적 행정체계의 전형으로 인식되었다. 그러나 유향소 복립운동을 주도했던 사림세력은 관학파와는 정반대로 『주례』를 향촌자치운동의 전거로 활용했다. 예컨대 김일손(金馹孫, 1464~1498)은 「회로당기(會老堂記)」에서 "지금의 유향소는 곧 옛날에 향대부(鄕大夫)가 삼물(三物)과 팔형(八刑)으로 가르치고 규찰하던 곳"[22]이라고 했고, 권오복(權五福, 1467~1498)은 「향사당기(鄕射堂記)」에서 "지금의 유향소는 옛 당정(黨正)의 유풍"[23]이라고 주장했듯이, 이들은 유향소의 역사적 정통성이 『주례』에 근거하고 있다는 점을 강조했다.

그런데 이처럼 사림파가 향촌사회의 자율성을 강조하기 위한 근거로 『주례』에 주목했던 것은 『주례』의 사회구성원리가 상향식으로 되어 있고, 각각의 행정단위마다 향촌사회를 규율할 수 있는 자율권을 부여하고 있기 때문이었던 것으로 판단된다. 즉 첫째로 『주례』에서는 5가(家)로 구성된 비(比)를 기초 단위로 하여 5비를 1여(閭:

---

22 「新增東國輿地勝覽」, 卷32, 金海都護府, 宮室: 「今留鄕 卽古之鄕大夫 三物八刑 所以敎而糾者」

23 「新增東國輿地勝覽」, 卷24, 醴泉郡, 樓亭: 「今之留鄕所 卽古黨正之遺意也」

25家)로, 4여를 1족(族: 100家)으로, 5족을 1당(黨: 500家)으로, 5당을 1주(州: 2,500家)로, 10주를 1향(鄕: 25,000家)으로 조직하여 지방행정체계를 구성했다. 그리고 둘째로 『주례』의 규정에 따르면, 향에서는 삼물(三物)[24]로 백성을 교화하여 인재를 추천하고 팔형(八刑)[25]으로 모든 백성들을 규찰하며, 주에서는 향사례(鄕射禮)를 실시하고, 당에서는 향음주례(鄕飮酒禮)를 실시함으로써, 각각의 행정단위에서 자율적으로 향촌사회의 풍속을 교화하는 기능을 보유할 수 있었다(『周禮』, 地官司徒). 따라서 유향소의 복립을 주장했던 사림파가 유향소를 향사례와 향음주례의 실천기구로 거론했던 것도 이러한 이유에서였던 것으로 생각된다. 예컨대 사헌부 지평(持平) 조위(曺偉, 1454~1503)는 유향소를 복립시켜 향촌의 풍속을 규찰할 것과 함께 지방의 수령이 향사례를 반드시 준행하도록 요청했으며(『成宗實錄』, 13년 12월 庚辰), 홍문관 전한(典翰) 정성근(鄭誠謹, ?~1504)은 김종직(金宗直, 1431~1492)이 선산 부사(善山府使)를 지내면서 향사례와 향음주례를 실시하여 효과를 거둔 사례를 강조했듯이(『成宗實錄』 16년 1월 己丑), 이들은 『주례』의 향사례와 향음주례를 통해 자율적인 향촌질서를 확립하고자 했던 것이다.

사림파의 유향소 복립운동에서 다음으로 주목되는 것은 이 운동의

24 삼물(三物)은 지인성의충화(知仁聖義忠和)의 육덕(六德)과 효우목인임휼(孝友睦婣任恤)의 육행(六行)과 예악사어서수(禮樂射御書數)의 육례(六禮)를 말한다.

25 팔형(八刑)은 불효(不孝), 불목(不睦), 불인(不婣), 부제(不悌), 불임(不任), 불휼(不恤), 조언(造言), 난민(亂民)을 처벌하는 것이다.

주동자들이 대체로 김종직의 문인들로 구성되어 있었다는 점이다. 물론 김종직 자신이 석강(夕講)에서 선산부사 시절에 향사례와 향음주례를 실시했던 경험을 강조했을 뿐만 아니라(『成宗實錄』, 14년 8월 丙子), 그에 앞서 이 문제를 제기했던 조위와 김종직의 경험을 재론했던 정성근 역시 김종직의 문인이었다. 또한 유향소의 복립이 확정된 성종 19년(1488) 이후에 설립된 '회로당'과 '향사당'에 기문(記文)을 남긴 김일손과 권오복 역시 김종직의 문인들이었다.

그런데 정작 유향소의 복립에 결정적인 계기를 제공한 것은 김종직의 문인들이 아니라 훈구파들이었다. 먼저 물꼬를 튼 것은 훈구파의 영수 유자광(柳子光, ?~1512)이었다. 즉 성종 19년 4월에 유자광이 갑자기 종전의 입장에서 선회하여 유향소의 복립을 찬성하고 나섰던 것이다(『成宗實錄』, 19년 4월 丙辰). 그러자 곧이어 윤필상(尹弼商, 1427~1504)을 비롯한 19명의 훈구파들도 이에 대거 동조하기 시작했고, 성종도 그들의 의견을 좇아 유향소 복립안을 가결시킬 수 밖에 없었다(『成宗實錄』, 19년 5월 乙亥).

그러나 사림파의 오랜 숙원이었던 유향소의 복립은 성공적이지 못했다. 오히려 사림파 측으로부터 유향소가 혁파되어야 한다는 주장이 유향소 복립 2년 만에 제기되기 시작했다. 예컨대 성종 21년(1490)에 공조 판서(工曹判書) 성건(成健, 1439~1496)은 유향소가 풍속을 교화하는 본연의 기능을 수행하지 못하고 있다면서 유향소의 혁파를 건의했고(『成宗實錄』, 21년 7월 丁卯), 같은 해 11월에 사간(司諫) 권경우(權景祐)는 유향소가 풍속을 규정(糾正)하기는커녕 다만 향곡(鄕曲)에서 권위를 세우는 데만 매달리고 있다면서 유향소의 혁파를 주장했다(『成宗實錄』, 21년 11월 戊戌). 이처럼 사림파 측에서 오히려 적극적으로 유향소를 혁파하자고 나섰던 이유는 그들의 예상과는 달리 유향소가 파행적으로 운영되었기 때문이었다. 게다가 "재상들이 팔향(八鄕)[26] 이외에도 본향(本鄕)을 가칭하여 경재소를 장악했다"는 권주(權柱, 1457~1505)의 지적처럼(『成宗實錄』, 23년 9월 乙未), 대부분의 유향소들은 사림파의 의도와는 달리 경재소를 장악한 훈구세력에 의해 통제되고 있었다. 결국 이러한 점들로 미루어 볼 때, 훈구파들이 결국 유향소 설치를 찬성했던 것은 경재소를 통해 유향소를 장악할 수 있다는 계산이 작용하고 있었던 것으로 판단된다(李泰鎭 1989, 177).

이처럼 유향소가 실제로는 훈구세력에 의해 장악되자, 사마시(司馬試) 출신의 젊은 생원과 진사들은 향촌사회에 대한 영향력을 유지하기 위해 별도의 사마소(司馬所)를 설립하여 유향소를 장악한 훈구세력과 대립했다. 그러나 무오사화(戊午士禍, 1498)가 진행되는 과정에서 사마소마저 김종직의 무리들이 결성한 사당(私黨)으로서

26 이미 세종 17년에 경재소 제도를 정비하면서, 현직관리들로 하여금 아버지의 내외향(內外鄕), 조부의 외향(外鄕), 증조의 외향(外鄕), 어머니의 내외향(內外鄕), 처의 내외향(內外鄕) 등 8향의 유향소를 장악할 수 있도록 허용했다(『世宗實錄』, 17년 9월 己巳).

국가에서 설립한 유향소에 대항한다는 비판을 받고 혁파의 대상이 되었다(『燕山君日記』, 4년 8월 癸酉). 결국 향촌사회의 지배를 둘러싼 훈구파와 사림파의 대결은 훈구파의 일방적인 승리로 돌아갔다. 사림파의 유향소 복립운동이 실패하게 된 일차적 원인은 사림파의 향촌지배를 좌시하지 않았던 훈구파의 탄압 때문이었다. 그러나 보다 근본적인 원인은 사림파가 부활시키고자 했던 유향소 그 자체의 이념적 한계에 있었다. 즉 사림파는 유향소를 향사례와 향음주례의 실천기구로 인식하여 이것을 통해 향촌공동체를 지배하고자 했지만, 향사례와 향음주례는 애초부터 적용대상이 다른 규범이었다. 우선 향사례에는 대사(大射), 연사(燕射), 빈사(賓射) 등의 세 가지 종류가 있는데, 이것들은 천자(天子)로부터 사(士)에 이르기까지 귀족들 사이에서만 시행되는 것이고, 일반 서민들에게는 해당되지 않는다.[27] 반면에 향음주례는 음주의 순서를 단지 연치(年齒)에 따라 정하는 것이라는 점에서 지위의 고하는 전혀 문제되지 않는다.[28] 이 점에서 향사례는 주로 향촌사회의 지도층을 중심으로 한 규범이었던 데 비해서, 향음주례는 공동체 구성원 모두에게 해당되는 규범이었다. 따라서 사림파가 훈구파와 구별되는 독자적인 방식으로 향촌사회를 운영하기 위해서는 향촌공동체 전체를 대상으로 하는 새로운 규범의 모색이 필요했다.

27 『周禮注疏』, 卷12, 鄕大夫: 「天子至士 有大射燕射賓射之等 庶人則無此射禮 故云無射禮也」
28 『周禮』, 地官司徒, 黨正: 「國索鬼神而祭祀 則以禮屬民而飮酒于序 以正齒位」

향촌사회의 운영방식에 관한 사림파의 새로운 구상은 반정(反正)으로 집권한 중종이 사림파 지식인들을 대거 등용하면서 본격적으로 논의되기 시작했다. 특히 이 논의에서 주목되는 것은 향사례에 관한 논의는 배제되고,[29] 주로 향음주례를 중심으로 향촌사회의 교화 문제를 논의하기 시작했다는 점이다. 『중종실록』에 기록된 향음주례의 시행에 관한 최초의 논의는 중종 7년(1512) 11월의 석강(夕講)에서 제기되었다. 이때 시강관(侍講官) 윤은필(尹殷弼)은 향음주례가 사대부와 서인(庶人) 모두에게 적용되는 규범이라는 점, 그리고 명분과 절개를 연마하고 향리의 이웃끼리 서로 화목하는 큰 도리라는 점을 강조했다(『中宗實錄』, 7년 11월 壬辰). 그는 향음주례가 향촌공동체 구성원 전체에게 해당되는 규범이라는 점과 그 규범의 초점이 도덕공동체의 형성에 맞추어져 있다는 점을 강조했던 것이다. 그러나 향음주례 그 자체는 매우 형식적인 것이어서, 향촌사회를 보다 효율적으로 통제하기 위해서는 구체적인 규약이 필요했다. 사헌부 집의(執義) 유보(柳溥, ?~1544)의 표현대로, 비록 향음주례가 시행되긴 했지만, 모두 빈껍데기의 형식에 불과했던 것이다(『中宗實錄』, 12년 3월 庚子). 이 때문에 사림파들은 향촌질서를 확립하는 새로운 방법으로 향약에 주목하게 되었다.

향촌질서를 확립하는 새로운 방법으로 향약이 처음 거론된 것은 중

29 이 시기의 향사례에 관한 유일한 논의는 중종 14년 6월의 한 경연 석상에서 이루어졌는데, 이때 향사례는 단지 유생들 사이에서만 행해지는 행동규범으로 인식되었다(『中宗實錄』, 14년 6월 庚午).

종 12년(1517)이었다. 이때 함양의 유생이었던 김인범(金仁範)은 "「여씨향약」을 준행(遵行)하여 풍속을 바꾸자"면서 향약의 시행을 처음 거론했고(『中宗實錄』 12년 6월 甲戌), 그로부터 한 달 뒤 중종은 「여씨향약」이 이미 『소학(小學)』에 들어 있으므로 별도로 보급할 필요가 없다는 주위의 반대를 물리치고 「여씨향약」의 전국적 보급을 윤허했다(『中宗實錄』, 12년 7월 庚子). 그러나 『소학』에 실려 있는 「여씨향약」은 향약의 네 가지 덕목들을 나열한 것에 불과했고,[30] 『주자대전(朱子大全)』에 실린 것은 주해(註解)가 없어 민간에 보급하기 어려웠다. 이 점에서 「여씨향약」을 언해(諺解)하여 보급한 김안국(金安國, 1478~1543)의 역할에 주목할 필요가 있다. 즉 그는 경상도 관찰사로 재직할 당시에 "「여씨향약」이 『성리대전(性理大全)』에는 실려 있으나 주해가 없어 외국인이 쉽게 이해하지 못한다(『中宗實錄』, 13년 4월 己巳)"는 점에 착안하여 「증손여씨향약」의 언해본을 보급했던 것이다. 결국 이러한 김안국의 노력에 의해 조선의 향약은 사대부들만의 배타적인 자치규약이었던 주희의 「증손여씨향약」과 달리 향촌공동체 전체를 대상으로 하는 향약으로 발전할 수 있었다.

한편 이 시기에 제안된 향약이 「증손여씨향약」과 다른 또 다른 특징은 향약 기구에 강력한 권한을 부여했다는 점이다. 앞서 지적한

30 『소학』에 실려 있는 「여씨향약」의 원문은 다음과 같이 간략하게 정리되어 있다. 『小學』, 善行, 實立教: 「藍田呂氏鄉約日 凡同約者 德業相勸 過失相規 禮俗相交 患難相恤 有善則書於籍 有過若違約者 亦書之 三犯而行罰 不悛者絕之」

바와 같이 주희의 「증손여씨향약」에서는 향약 구성원들의 선행과 과실을 단지 선적(善籍)과 과적(過籍)에 기록하는 이외에 별다른 강제규정을 두지 않았다. 그러나 중종 대의 향약은 강력한 강제력을 행사할 수 있었던 것으로 보인다. 예컨대 향약의 구성원들이 스스로 형정(刑政)을 행사했다거나, 사법기관(法司)에서도 향약의 결정을 그대로 따랐다거나(『中宗實錄』, 14년 11월 庚戌), 또는 지탱할 수 없을 정도의 압력이 수령에게 가해졌다(『中宗實錄』, 15년 1월 癸巳)는 지적에서 볼 수 있듯이, 중종 대의 향약기구는 공권력에 대항할 수 있을 정도의 강력한 자율권을 확보하려고 노력했던 것으로 보인다.

그러나 중종 대의 향약은 이러한 급진성[31] 때문에 훈구파의 역공을 받고 좌절될 수밖에 없었다. 위에서 언급한 향약 기구의 자율권 행사에 대한 비판적 문제제기 역시 기묘사화(己卯士禍, 1519) 이후에 조광조 일파의 급진성을 비난하면서 제기된 것이었다. 이후 향약 논의는 명종 원년에 시강관 주세붕(周世鵬, 1495~1554)에 의해 다시 제기되었다(『明宗實錄』, 1년 8월 甲午). 그러나 주세붕의 주장에 대한 조정의 입장은 지역에서의 자율적인 시행은 허용하겠지만, 전국적인 시행은 불허하겠다는 것으로 정리되었다(『明宗實錄』, 1년 8월

31 당시 향약시행의 주동자 중 한 사람이었던 조광조도 "향약의 본의와는 달리 지금의 향약은 매우 급박하게 추진되어 왕도(王道)에서 크게 벗어났다"며, 향약시행의 문제점을 시인했다. 『中宗實錄』, 14년 10월 庚午.

丁未). 향촌의 자치기구가 공권력에 맞서는 것은 좌시할 수 없다는 것이었다. 따라서 이후 조선의 향약은 관권의 우위를 부정하지 않는 범위 내에서 개별적으로 향촌사회를 규율하는 자치기구로 재정립 되었다.

VI. 조선향약의 발전과 성리학적 정치이념의 구현

중종 대는 언해 작업을 통해 주희의 「증손여씨향약」을 보급한 시기였다면, 명종 대와 선조 대는 조선 특유의 향약, 이른바 '조선향약'(柳洪烈 1938)이 정립된 시기였다. 특히 이황(李滉, 1501~1570)과 이이(李珥, 1536~1584)의 선구적 역할에 의해서 조선의 향약은 주희의 향약과 구별되는 한국적 특수성을 띠고 발전하게 되었다.

조선의 특수성이 반영된 최초의 향약은 이황이 명종 11년(1556)에 그의 고향인 경상도 안동군(安東郡) 예안현(禮安縣)에서 입안한 이른바 「예안향약」이었다.[32] 그런데 이황이 입안한 「예안향약」에서 먼저 주목되는 점은 그가 당대 최고의 주자학자였음에도 불구하고,

---

32 『退溪先生年譜』에 따르면 「예안향약」은 그가 56세 되던 해(1556)에 입안되었으며, 그 내용은 『退溪先生文集』, 卷2에 「鄕立約條」라는 제목으로 서문과 함께 수록되어 있다. 또한 이황이 스스로 밝혔듯이, 그가 「예안향약」을 입안한 동기는 약조(約條)를 세워 미풍양속을 장려하려 했던 이현보(李賢輔, 1467~1555)의 유지(遺旨)에 따른 것이었다. 『退溪先生文集』, 卷42, 序, 鄕立約條序 附約條: 「故崇政知事聾巖先生 患是然也 嘗欲爲之立約條 以厲風俗」

주희의 「증손여씨향약」에 대해서 전혀 언급하지 않았다는 점이다. 오히려 이황은 「여씨향약」보다는 『주례』적 질서를 향촌자치 제도의 전범(典範)으로 생각했던 것으로 보인다. 예컨대 이황은 그의 「향립약조(鄕立約條)」 서문을 "옛날 향대부의 직책은 덕행(德行)과 도예(道藝)로써 (백성들을) 인도하고 따르지 않는 자들은 형벌로 규제한다"는 구절로 시작했다.[33] 이 점은 『주례』에서 향대부의 역할을 향촌사회의 덕행을 고찰하고 도예를 살피는 것으로 규정한 것과 유사하다.[34] 그러나 동시에 그는 『주례』의 향대부에 관한 규정에서는 거론되지 않았던 사족 공동체의 구성원들에 대한 규제조치를 강조했다. 이 점에서 「예안향약」은 사대부들 사이의 도덕공동체를 지향하면서, 동시에 그것의 실현을 위한 강력한 규제조치를 강조하는 특징을 보였다.

우선 이황이 구상한 「예안향약」의 주체와 대상은 주로 사대브들이었다.[35] 예컨대 그는 당시 유향소의 역할을 고대 향대부의 역할에 비견하면서, 향촌공동체가 유지되고 해체되는 것은 모두 향촌사회의 지도자들에게 책임이 있다는 점을 강조했다.[36] 또한 이황이 염두

33 『退溪先生文集』, 卷42, 序, 鄕立約條序 附約條: 「古者鄕大夫之職 導之以德行道藝 以糾之以不率之刑」

34 『周禮』, 地官司徒: 「鄕大夫之職 各掌其鄕之政敎禁令 正月之吉 受敎法于司徒 退而頒之于其鄕吏 使各以敎其所治 以攷其德行 察其道藝」

35 「예안향약」은 사족들로 이루어진 향약 구성원들에게만 해당되는 것이었다는 점에서, 향약이라기보다는 향헌(鄕憲)이나 향규(鄕規)에 가까운 것이라는 지적도 있다(金龍德 1981, 219).

36 『退溪先生文集』, 卷42, 序, 鄕立約條序 附約條: 「今之留鄕 卽古鄕大夫之遺意也 得人則

에 두고 있던 향촌공동체는 예의와 염치가 지켜지는 도덕공동체였고, 따라서 향약기구(鄕所)에 부여된 일차적 책임은 향촌사회의 도덕적 질서를 바로잡는 것이었다.[37]

다음으로 이황은 향촌사회의 도덕적 질서를 바로잡기 위해서는 강력한 규제조치가 필요하다는 점을 강조했다. 이황에 따르면, 향약의 기본적인 목적은 "예의를 침범하여 고을의 풍속을 파괴한 자들," 즉 공동체가 지켜야 할 도덕적 규범을 위반한 자들을 처벌하는 데 있었다.[38] 이를 위해서 그는 「예안향약」을 주희의 「증손여씨향약」과 전혀 다른 편제로 구성했다. 즉 「예안향약」은 「증손여씨향약」 중에서 덕업상권, 예속상규, 환난상휼에 해당되는 부분을 과감히 생략하고, 과실상규에 해당되는 부분을 중심으로 재구성되었다. 특히 이황은 향촌사회의 공동체적 질서를 위협하는 행위를 28가지로 정리하여 그것들을 다시 극벌(極罰), 중벌(中罰), 하벌(下罰)의 세 범주로 구분했고, 이상의 세 범주에 해당되지 않는 3가지 항목을 추가했다. 그런데 여기에서 한 가지 주목할 것은 첫 번째 처벌대상자로 지목한 '부모에게 순종하지 않는 자(父母不順者)' 의 항목에 "불효한 죄는 국가에서 정한 일반 법률이 있으므로, 우선 그 다음 항목들만 열

一鄕肅然 匪人則一鄕解體」

37 『退溪先生文集』, 卷42, 序, 鄕立約條序 附約條: 「況鄕俗之間 遠於王靈 好惡相攻 强弱相軋 使孝悌忠信之道 或尼而不行 則棄禮義捐廉恥日甚 流而爲夷狄禽獸之歸 此實王政之大患也 而其糾正之責 乃歸之鄕所」

38 『退溪先生文集』, 卷42, 序, 鄕立約條序 附約條: 「犯義侵禮 以壞我鄕俗者 是乃天之弊民也 雖欲無罰 得乎 此今日約條之所以不得不立也」

거했다"고 주석된 부분이다.[39] 즉 이황은 『당률소의(唐律疏議)』와 『대명률(大明律)』의 명례(名例)에 불효를 십악(十惡)[40]의 하나로 규정하고 있으며, 이들의 영향을 받은 경국대전에도 십악에 대한 규정이 있으므로,[41] 불효에 대해서는 언급할 필요가 없다고 판단했던 것이다. 사실 조선사회는 죄형법정주의에 입각해서 통치하는 법치(法治) 국가였다기보다는 포괄적인 도덕적 관습에 입각해서 통치하는 예치(禮治) 지향의 국가였다. 따라서 향촌사회의 통제에 대한 구체적인 문제는 상당부분 해당 지역의 자율적인 규제에 맡겨져 있었고, 이황은 이 점을 고려하여 향약의 내용을 구성한 것이었다.

「예안향약」은 중종 대의 향약 실험이 실패한 경험을 반영하고 있다. 즉 중종 대의 향약이 중앙정부의 주도로 전국적인 차원에서 급진적으로 시행되었기 때문에 초래했던 문제점들을 반영하여, 이황은 「예안향약」을 일향(一鄕)의 차원에서 시행하고자 했다. 또한 「예안향약」은 향촌공동체의 구성원 전체를 대상으로 하기보다는 유향소 품관을 중심으로 한 유교적 생활규범의 확립과 관치행정(官政)에 대한 시비의 엄금, 그리고 하층민에 대한 무단적 행위의 규제를 목표로 입안되었다(鄭震英 1986, 106). 이러한 점에서 「예안향약」은 관권의

39 『退溪先生文集』, 卷42, 序, 鄕立約條序 附約條: 「不孝之罪 邦有常刑 故姑擧其次」

40 『당률소의』와 『대명률』에 기록된 10악은 ①모반(謀反) ②모대역(謀大逆) ③모반(謀叛) ④악역(惡逆) ⑤부도(不道) ⑥대불경(大不敬) ⑦불효(不孝) ⑧불목(不睦) ⑨불의(不義) ⑩내란(內亂) 등이다.

41 『經國大典』, 吏典 考課.

우위를 전제로 하면서도, 실질적인 부분에서 지방 사족들이 자율적으로 향촌사회를 운영할 수 있도록 고안된 것이었다.

그러나 이황이 입안한 「예안향약」은 결국 시행되지 못했다.[42] 반면에 실질적으로 조선의 실정을 반영한 조선 특유의 향약을 성립시키는 데 가장 큰 영향을 미친 인물은 이이였다. 물론 이이는 선조 초반에 정권을 장악한 사림파들이 향약의 전국적 시행을 주장하자, "교화보다는 양민이 우선되어야 한다"는 논리를 제시하며 전국을 대상으로 한 향약의 획일적 시행을 반대한 바 있다.[43] 그러나 사실 이이는 지역의 개별적 특수성을 고려해 향약을 실시해야 한다고 주장했던 향약론자였다. 예컨대 그는 이미 명종 15년(1560)에 파주 목사 변협(邊協, 1528~1590)이 입안했던 「파주향약(坡州鄕約)」에 서문을 써서 향약과 관련을 맺은 바 있었다.[44] 그 후 이이는 선조 4년(1571)에 청주 목사로 부임하여 「서원향약(西原鄕約)」을 시행했고, 관직에서 은퇴한 후 선조 10년(1577)에는 해주 석담(石潭)에 머물면서 「해주향약(海州鄕約)」, 「사창계약속(社倉契約束)」, 「해주일향약속(海州一鄕約束)」 등을 제정하여 시행하기도 했다.

---

42 『退溪先生年譜』, 卷1: 「是時 國有鄕徒之令 先生草約 因事不果行」. 이우성에 따르면, 「예안향약」이 시행되지 못했던 이유는 지위의 고하를 고려하지 않고 연령순으로 좌차(坐次)를 설정했던 「예안향약」의 방식에 대한 사족들의 반대 때문이었다고 한다(李佑成 1990).

43 『宣祖實錄』, 7년 2월 甲戌: 「養民爲先 敎民爲後 民生憔悴 莫甚於今日 汲汲救弊 先解倒懸 然後可行鄕約也」

44 『栗谷全書』, 卷13, 序, 坡州鄕約序.

그 중에서도 「서원향약」은 이이가 입안한 향약 중에서 가장 간결하면서도, 체계나 내용 면에서 주희의 「증손여씨향약」과 구별되는 한국적 특성을 잘 반영하고 있다. 우선 향약의 체제와 관련하여 보면, 「서원향약」은 「입의(立義)」, 「조목(條目)」, 「향회독약법(鄕會讀約法)」의 세 부분으로 구성되어 있다. 물론 율곡 자신은 「서원향약」의 이러한 구성이 주희의 「증손여씨향약」을 참고한 것이라고 언급했지만,[45] 그 구체적인 구성은 「증손여씨향약」과 완전히 달랐다. 예컨대 「증손여씨향약」의 주요 내용은 향약 네 강령에 대한 해설로 구성되어 있지만, 서원향약의 「조목」은 네 강령을 전혀 구분하지 않았다. 또한 조직상에서도 주희의 「증손여씨향약」에서는 도약정(都約正), 부정(副正), 직월(直月) 등을 두었지만, 「서원향약」에서는 도계장(都契長) 4명을 두었고, 청주 지역 내 25개의 장내(掌內)마다 계장(契長), 동몽훈회(童蒙訓誨), 색장(色掌)을 1명씩 두었고, 각 이(里)마다 별검(別檢) 1명을 두었다.

내용상으로도 주희와 이황의 향약이 주로 사대부 지식인들만을 대상으로 입안되었던 것임에 비해서, 「서원향약」은 향촌공동체의 구성원 모두를 대상으로 입안된 것이었다. 예컨대 "색장과 별검은 양천(良賤)을 막론하고 성실하여 착한 일을 하려는 데 뜻을 둔 자로

---

45 『栗谷全書』, 卷16, 雜著3, 西原鄕約: 「蓋此邑 自李使君增榮 始申鄕約 厥後 李公 因而損益之 規模可觀 第恨李公還朝 鄕人意沮 竟爲文具 余承二侯之屬 遂採前規 參以呂氏鄕約 煩者簡之 疏者密之 更爲條約」

가려서 삼는다"[46]고 규정했듯이, 이이는 천민까지도 향촌공동체의 주요 의사결정 과정에 참여시킬 수 있다고 판단했다. 또한 이이는 문무 양반에 속하지 않는 30세 이하의 청년들에 대해 『소학(小學)』, 『효경(孝經)』, 『동자습(童子習)』 등을 읽도록 규정하여,[47] 향촌사회의 도덕규범을 공동체 내의 모든 구성원들이 공유하도록 독려했다. 이처럼 이이는 「서원향약」을 통해서 향촌사회의 모든 구성원이 참여하는 공동체적 질서를 구축하고자 했다.

특히 「서원향약」에서 무엇보다도 강조되어야 할 것은 협의와 토론의 과정을 중시했다는 점이다. 예컨대 「서원향약」의 조목 중에 "사맹(四孟)의 초하루 무고(無故)한 날을 가려 장내(掌內)의 동약자(同約者)가 모두 모여 강신(講信)을 한다"[48] 는 규정이 그 대표적인 예라고 할 수 있다. 원래 '강신' 이란 『예기(禮記)』의 '강신수목(講信修睦)' 이라는 표현에서 유래된 것으로, 현능(賢能)한 지도자가 대동(大同) 사회를 실현하기 위해 갖추어야 할 도덕적 덕목을 의미했다.[49] 그러나 이이가 「서원향약」에서 언급했던 '강신' 이란 『예기』의 용례와는 달리, 향촌공동체 구성원들의 향약규범들에 대한 준수 여부를 평가하고 토론하는 의식과 절차를 의미했다. 「서원향약」에

46 『栗谷全書』, 卷16, 雜著3, 西原鄕約: 「色掌別檢 勿論良賤 擇勤幹向善者 爲之」
47 『栗谷全書』, 卷16, 雜著3, 西原鄕約: 「年三十以下非文非武者 皆令讀小學孝經童子習等書 不讀者論罰」
48 『栗谷全書』, 卷16, 雜著3, 西原鄕約: 「四孟朔 擇無故之日 掌內同約者 皆會講信」
49 『禮記』, 禮運: 「大道之行也 天下爲公 選賢與能 講信修睦」

서는 이러한 '강신' 의 의식과 절차를 「향회독약법(鄕會讀約法)」이라는 별도의 항목으로 정리했는데,[50] 여기에는 회합에 참여한 각 계층의 좌차(坐次) 및 예절뿐만 아니라 토론의 방식을 상세하게 규정하고 있어 주목된다.

「향회독약법」에 기록된 절차에 따르면, 우선 공동체의 구성원들에 대한 상벌을 논하기에 앞서 공동의 규약(約文)에 대한 공지 절차가 강조되었다. 그리고 이 과정에서 유사(有司)가 좌중에게 규약문의 내용을 풀어서 설명하도록 함으로써, 문자를 해득하지 못하는 비사족출신의 구성원들이 배제되지 않도록 배려했다.[51] 다음으로 「향회독약법」에는 공동체 구성원들의 선행과 악행에 대한 기록들(善惡籍)을 구성원 전체가 재검토하여, 이견이 발생할 경우 이에 대한 토론을 통해 공동체 전체의 합의를 이끌어내는 심의 과정을 강조했다.[52] 특히 이이는 이러한 토론과 심의의 관행을 백성들 사이의 분쟁을 해결하는 과정에도 적용시키고자 했다. 예컨대 「서원향약」에서는 백성들 사이에 송사가 발생할 경우 우선 계장과 유사가 잘잘못을 판별하여 송사를 중지시킬 수 있지만, 계장과 유사가 단독으로 처리할 수 없을 경우에는 이를 다시 '사류회의(士類會議)' 에 통보

50 이이는 같은 내용을 「사창계약속」에서는 '강신의(講信義)' 라는 항목으로 정리했다.

51 『栗谷全書』, 卷16, 雜著3, 西原鄕約: 「參會 若拱手整容 無或喧笑失儀 坐定 有司抗聲讀約 使在坐者咸聞 未解文者 亦開諭 使知其意」

52 『栗谷全書』, 卷16, 雜著3, 西原鄕約: 「色掌以善惡籍遍示諸位 諸位中或所聞各異 則更與商議歸一」

하여 심의하도록 규정했다.[53]

이처럼 이이가「서원향약」에서 공동체의 규범과 그 실천에 대한 심의 과정을 강조했던 것은 향촌공동체의 결속을 다지기 위해서는 법적 규제보다는 도덕적 공감대의 형성이 더 중요하다고 판단했기 때문이었다. 특히 이이는 「서원향약」의 서문 격인 '입의(立議)' 에서 서원 지역의 풍속을 변화시키기 위해서는 마치 바람이 풀을 눕히듯이 지도자의 솔선수범을 통한 도덕적 공감대의 확산이 중요하다는 점을 강조했는데,[54] 이것은 감동의 정치를 강조한 『논어(論語)』 안연(顔淵)편의 내용을 원용한 것이다.[55] 이 점에서 이이의 「서원향약」은 성리학적인 수기치인(修己治人)의 이상과 이에 입각한 도덕적 감동의 정치를 향촌공동체 차원에서 실현하려는 시도의 일환이었다.

그러나 단순히 도덕규범의 실천을 강조하는 것만으로는 향촌사회에 대한 재지사족의 자율적인 지배체제를 효과적으로 관철시킬 수 없었다. 이황의 「예안향약」에서도 지적되었듯이, 도덕공동체가 실현되기 위해서는 공동체의 규약을 파괴한 자들에 대한 제재수단이

53 『栗谷全書』, 卷16, 雜著3, 西原鄕約:「民間凡有爭訟者 皆就契長有司 辨其曲直 契長有司開諭曲者 以止其訟 契長有司若不能獨斷 則通于約中士類會議 分釋開諭」

54 『栗谷全書』, 卷16, 雜著3, 西原鄕約:「契長有司 亦宜體我之意 先自修飭 以起鄕人 鄕人若無疾視之意 以致草偃 則西原之俗 其丕變乎」

55 『論語』, 顔淵:「君子之德風 小人之德草 草上之風 必偃」

확보되어야 했다. 이이가 고안한 향약들 중에서 이러한 문제의식을 반영하여 입안된 것이 「사창계약속」과 「해주일향약속」이었다. 이 중에서 특히 「사창계약속」에서는 공동체의 질서를 해치는 행위를 상벌(上罰), 차상벌(次上罰), 중벌(中罰), 차중벌(次中罰), 하벌(下罰)의 다섯 등급으로 분류하고, 이에 대한 처벌조항을 사류(士類)의 경우와 하인의 경우로 구분하여 규정해 두었다.[56] 게다가 이이는 "약장(約長)과 유사가 논의하여 처리한 일은 모두 약령(約令)으로 삼는다"고 규정했듯이,[57] 향약의 지도층이 결정한 사안들이 실질적인 효력을 발휘할 수 있도록 향약을 입안했다. 한편 사족들만을 대상으로 입안된 「해주일향약속」에는 사족들의 권익을 보호하기 위해 국가권력의 부당한 간섭으로부터 자율적으로 권리를 구제하는 행위를 권장하고 있어 주목된다. 즉 「해주일향약속」의 환난상휼에 관한 조목에서 이이는 무고하게 처벌된 향원(鄕員)에 대한 신원(伸寃)과 민간에 해를 끼치고 품관(品官)을 능멸한 향리들에 대한 치죄(治罪)를 규정함으로써,[58] 사족사회의 자율성을 해치는 관권의 부당한 개입에 대해 집단적으로 대응할 것을 권고했다.

이처럼 이이가 고안한 향약들은 재지사족들의 향촌사회에 대한 신

56 반면에 향안에 등재된 사족들만을 대상으로 입안된 「해주일향약속」에서는 공동체의 규약에 대한 위반행위를 상벌, 차상벌, 중벌, 하벌의 네 등급으로 분류했고, 그에 대한 처벌조항도 사족의 경우에만 해당되었다.

57 『栗谷全書』, 卷16, 雜著3, 社倉契約束: 「約長有司論議處置之事 皆爲約令」

58 『栗谷全書』, 卷16, 雜著3, 海州一鄕約束: 「鄕員以非罪 將受刑戮者 僉議立庭 呈單子救解之 (中略) 若有鄕吏書員輩官屬 汎濫用事 作弊民間 及陵辱品官者 則告官治罪」

분제적 지배를 관철할 수 있도록 고안되었다. 그러나 독립적이고 자율적인 향촌사회를 구축하려 했던 이이의 시도가 일원적이고 위계적인 지방행정체계를 구축하려 했던 국가권력의 구상과 완전히 배치되는 것은 아니었다. 오히려 이이는 중앙정부 차원에서 시행되는 법에 의한 지배가 손상되지 않는 범위에서 윤리적 규약을 통해 향촌사회를 자율적으로 지배할 수 있는 방법을 모색하고자 했다. 이 점에서 이이의 향약들에는 중종 대의 실험으로부터 얻은 교훈이 반영되어 있었다. 즉 중종 대의 향약에서는 향약기구에 강력한 사법적 권한을 부여하고자 했지만, 이이는 향약기구와 상급 관청의 유기적 협력을 강조했다. 예컨대 「서원향약」에서 규정한 바에 따르면, 태(笞) 40대 이하의 죄에 대해서는 계장과 유사가 임의로 처벌할 수 있지만, 그 이상의 경우에는 관청에 보고할 의무규정을 두었던 것이 그 단적인 예였다.[59] 게다가 이이는 주희의 「증손여씨향약」을 비롯한 이전의 향약에서는 전혀 언급되지 않았던 충성의 덕목을 강조함으로써 국가의 권위를 부정하지 않았다. 특히 이이는 「사창계약속」에서 덕업상권의 한 항목으로 '국가에 대한 충성(忠於國家)'을 별도로 규정하면서, "충성이란 정성을 다하여 임금을 섬기고 직분을 지켜 공익에 이바지하며 자신을 버리고 나라를 돌보는 것"이라고 정의했고, 하인의 경우에는 상전을 섬기는 데 있어서 지켜야 할 도덕적 행위양식을 의미했다.[60] 이 점에서 이이는 향약의 실천을 통해

59 『栗谷全書』, 卷16, 雜著3, 西原鄕約: 「笞四十以下 則契長有司自斷 過此則報官」

서 통일적 국가권력과 재지사족의 자율권을 동시에 만족시킬 수 있는 절충적 윤리체계를 수립하고자 했던 것으로 보인다.

V. 결론

이황과 이이의 노력에 의해 완성된 이른바 '조선향약'의 원형은 북송의 여대균 형제가 창안한 「여씨향약」과 그것에 대한 주희의 수정 증보판인 「증손여씨향약」이었다. 「여씨향약」의 간략한 내용은 『소학』에도 실려 있고, 「증손여씨향약」은 『주자대전』에 수록되어 있다. 따라서 고려 말의 성리학자들은 이미 그 당시부터 향약의 내용을 정확히 인지하고 있었을 것으로 판단된다. 그러나 중앙집권적 체제를 선호한 조선의 설계자들에게 향촌세력의 자율성을 허용하는 향약에 대한 논의는 체제에 대한 도전을 의미했다. 게다가 조선 건국 직후의 정국을 주도했던 관학파들은 공권력의 발동에 의한 중앙집권체제의 안정을 강조하면서, 주희의 정치이념을 수용하는 데 소극적인 태도를 취하고 있었다. 이 점에서 '조선향약'의 보급과 발전은 성리학의 이론적 성숙 및 사림세력의 정치적 성장과 밀접하게 연관되어 있었다.

---

60 『栗谷全書』, 卷16, 雜著3, 社倉契約束: 「忠 謂盡誠事君 守職奉公 忘身許國之類 下人則事上典以誠 不敢少有欺隱 有所使令 奔走服役 不憚勤苦 凡有所得之物 必欲獻于上典之類」

향촌세력의 자율성을 허용하는 향약의 보급 문제가 본격적으로 논의되기 시작했던 것은 반정으로 집권한 중종이 사림파 지식인들을 대거 등용하면서부터였다. 특히 경상도 관찰사 김안국은 「증손여씨향약」의 언해본을 보급하여, 사대부들만의 배타적인 자치규약이었던 향약을 향촌공동체의 구성원 전체를 대상으로 하는 향약으로 발전시켰다. 그러나 이때 시행된 향약은 사림파의 영수였던 조광조마저 너무 급박하게 추진되고 있다고 비판할 정도로 급진성을 띠고 있었다. 특히 문제가 되었던 것은 각 지역의 특수성을 고려하지 않은 획일적인 시행과 향약기구에 부여된 강력한 사법적 권한이었다. 따라서 당시 사림파의 급진적 시도는 조광조의 실각과 함께 일시에 종결되었고, 그 후 조선의 향약은 관권의 우위를 부정하지 않는 범위에서 개별적으로 향촌사회를 규율하는 자치기구로 재정립되었다. 조선의 특수성이 반영된 최초의 향약은 이황이 입안한 「예안향약」이었다. 그는 당대 최고의 성리학자였지만, 주희의 「증손여씨향약」과는 전혀 다른 편제와 내용으로 향약을 입안했다. 사대부들만을 대상으로 고안된 「예안향약」에서 주목할 부분은 과실상규에 대한 항목을 보완하여 공동체적 질서에 대한 파괴행위를 도덕적으로 규제하고자 했던 점이다. 또한 이황은 중종 대의 향약이 실패했던 경험에 입각하여 「예안향약」을 개별 지역의 차원에서 시행하고자 했고, 관권의 우위를 부정하지 않으면서도 실질적인 부분에서 자율적으로 향촌사회를 운영할 수 있도록 배려했다.

그러나 이황이 입안한 「예안향약」은 결국 시행되지 못했고, 실질적으로 조선 특유의 향약을 정착시킨 인물은 이이였다. 「서원향약」, 「해주향약」, 「사창계약속」, 「해주일향약속」 등을 입안한 이이는 이황과 달리 사대부들뿐만 아니라 향촌공동체의 모든 구성원을 대상으로 향약을 입안했다. 특히 이이의 향약에서 주목되는 부분은 강신(講信)과 같은 협의와 토론의 과정을 중시했다는 점이다. 그가 이처럼 공동체의 규약에 대한 심의 과정을 강조했던 것은 도덕적 공감대의 형성을 통해 감동의 정치를 실현하려는 그의 성리학적 정치이상을 향촌공동체에서 실현하고자 했기 때문이었다. 그러나 이이의 향약에서 무엇보다 중요한 것은 중앙집권적 행정체계를 관철하려는 국가권력과 향촌사회의 자치 공간을 확보하려는 지방 세력 사이의 균형을 모색했다는 점이다. 이이는 이황의 「예안향약」에서 제시한 모형에 따라 공동체의 규약에 대한 위반행위를 자율적으로 규제할 수 있는 권한을 향약기구에 부여하면서도 동시에 국가에 대한 헌신과 봉사를 강조함으로써, 지방행정체계를 일원적으로 지배하려는 국가권력과 국가권력의 통제로부터 자율권을 확보하려는 향촌세력 사이의 균형을 모색하고자 했다. 이 점에서 조선의 향약은 조선이 중앙과 지방 사이의 견제와 균형을 통해 장기간 지속될 수 있었던 메커니즘을 보여주는 구체적인 사례였다고 평가될 수 있을 것이다.

참고문헌

金龍德. 1981. “鄕約과 鄕規.”『韓國史論』, 8. 서울: 國史編纂委員會.

김태영. 1987. “조선시대 사회경제사를 보는 시각.” 김태영 · 이영훈 외. 『한국의 사회경제사』. 서울: 한길사.

드 배리, Wm. 시어도어. 표정훈 옮김. 1998.『중국의 ‘자유’ 전통: 신유학 사상의 새로운 해석』. 서울: 이산, 1998.

류, 제임스. 이범학 역. 1991.『왕안석과 개혁정책』. 서울: 지식산업사.

蕭公權. 1982.『中國政治思想史』, 上. 台北: 聯經出版事業公司, 民國71年.

守本順一郎. 김수길 옮김. 1985.『동양 정치사상사 연구: 주자사상의 사회경제적 분석』. 서울: 동녘.

시마다 겐지. 김석근 · 이근우 옮김. 1986.『주자학과 양명학』. 서울: 까치.

申採湜. 1993. “宋 이후의 皇帝權.” 東洋史學會 編.『東亞史上의 王權』. 서울: 한울.

辛聖坤. 1989. “唐宋變革期論.” 서울大學校東洋史學研究室 編.『講座 中國史 Ⅲ: 士大夫社會와 蒙古帝國』. 서울: 지식산업사.

梁鍾國. 1996.『宋代士大夫社會研究』. 서울: 三知院.

柳洪烈. 1938. “朝鮮鄕約의 成立.”『震檀學報』, 제9집.

윤사순. 2002.『栗谷 鄕約의 思想的 性向.”『栗谷思想研究』, 제5집.

이근명. 2002. “朱熹의 <增損呂氏鄕約>과 朝鮮社會: 朝鮮鄕約의 特性에 대한 檢討를 중심으로.”『中國學報』, 제45집.

李範鶴. 1991. “司馬光의 [正名]思想과 人治主義의 展開.”『東洋史學研究』, 제37집.

李範鶴. 1989a. “宋代의 社會와 經濟.” 서울大學校東洋史學研究室 編.『講座 中國史 Ⅲ: 士大夫社會와 蒙古帝國』. 서울: 지식산업사.

李範鶴. 1989b. “宋代 朱子學의 成立과 發展.” 서울大學校東洋史學研究室 編.『講座 中國史 Ⅲ: 士大夫社會와 蒙古帝國』. 서울: 지식산업사.

李成茂. 1991. “呂氏鄕約과 朱子增損呂氏鄕約.”『震檀學報』, 제71 · 72합집.

李樹健. 1989.『朝鮮時代 地方行政史』. 서울: 民音社.

李佑成. 1990. “退溪先生의 禮安鄕約과 <鄕坐> 問題.”『退溪學報』, 제68집.
李泰鎭. 1989.『韓國社會史硏究: 農業技術 발달과 社會變動』. 서울: 지식산업사.
임민혁. 2003. “조선시대 兩班官僚制社會說의 재검토.”『동서사학』, 제9집.
鄭震英. 1986. “16世紀 鄕村問題와 在地士族의 대응: <禮安鄕約>을 중심으로.”『民族文化論叢』, 제7집.
曺永祿. 1995. “司馬光의 名分論.”『孔子學』, 제1집.
河元洙. 1989. “宋代 士大夫論.” 서울大學校東洋史學硏究室 編.『講座 中國史 Ⅲ: 士大夫社會와 蒙古帝國』. 서울: 지식산업사.
Chaffee, John W. 양종국 옮김. 2001.『배움의 가시밭길: 송대 중국인의 과거생활』. 서울: 신서원.

Creel, H. G. 1960. Chinese Thought from *Confucius to Mao Tse-tung.* New York: New American Library.
Wagner, Edward W. 1974. *The Literati Purges: Political Conflict in Early Yi Korea.* Cambridge, Mass.: Harvard University Press.

『經國大典』,『論語』,『孟子』,『明宗實錄』,『墨子』,『宣祖實錄』,『成宗實錄』,『世祖實錄』,『世宗實錄』,『小學』,『續修四庫全書』,『續自治通鑑長編』,『宋史』,『荀子』,『詩經』,『新增東國輿地勝覽』,「呂氏鄕約」,『燕山君日記』,『禮記』,『栗谷全書』,『周禮』,『周禮注疏』,『朱子大全』,『朱子語類』,『中宗實錄』,『春秋繁露』,『退溪先生文集』,『退溪先生年譜』,『漢書』

Part 2

한국 민주주의의 위기와 그 대안: 심의민주주의(deliberative democracy) 이론을 중심으로

양진석(연세대학교)

I. 서론
II. 심의민주주의의 필요성
III. 심의민주주의의 제도화
IV. 심의민주주의에 대한 비판과 그 해결책
V. 결론

한국 민주주의의 위기와 그 대안: 심의민주주의(deliberative democracy) 이론을 중심으로

Ⅰ 서론

민주화의 과정을 겪고 있는 한국은 후진국적 정치관행으로 극심한 사회적 혼란을 경험하고 있다. 정치적 절차 면에서는 어느 정도의 민주화를 이룩하였지만 민주적 정치문화 풍토가 충분히 정착되지 못한 실정이다. 이러한 상황하에서 민주주의에 대한 회의론마저 등장하고 있다. 극심한 경기침체임에도 불구하고 행정수도이전문제, 국가보안법철폐 문제로 국론이 분열되고 있고 좌 · 우의 이념대립이 격화되고 있다는 지적이 제기되고 있다. 일부 부유층이 불법적으로 재산을 해외로 유출하고 있다는 소식은 계층 간의 반목을 심화시키고 있다. 집단이기주의의 발현으로 사회적 갈등이 증폭되고 있다는 비판이 제기되었다. 모두 다 제몫 찾기에만 급급하여 공동체 의식이 상실되었다고 한탄하고 있다. 여론형성의 주체인 언론마저도 친정부와 반정부로 극렬히 분화되어 여론을 호도하고 있다는 우려의 목소리가 높다. 이러한 상황에서 정치권은 국민들의 요구를 충족시켜줄만한 능력이 없다고 지적하면서 한국의 앞날은 희망이 없다는 진단을 내리는 사람도 있다. 온 국민의 피와 눈물로 이룩한 민주화의 결과가 고작 이것이냐는 회의를 품기도 한다. 무엇을 위하여 그토록 민주화를 갈망하였는가에 의문을 제기하기도 한다. 그러나 이러한 회의론과 혼란은 한국만이 경험하고 있는 것은 아니다. 서구의 발달된 민주주의 국가에서도 현재의 자유민주주의 제도에 대한 비판이 제기되고 있는 실정이다. 그리고 이에 대한 대안으로서 다양한 민주주의 논의가 전개되고 있다. 그 중 유력한 대안으로서 심의민주주의(deliberative democracy)가 제기되었다. 서구의 정치사상가인 하버마스(Jürgen Habermas), 피시킨(James Fishkin), 보만(James Bohman), 코헨(Joshua Cohen), 엘스터(Jon Elster) 등 심의민주주의를 주창하는 자들은 투표를 통하여 국민의 대표자를 뽑고 그들이 국민의 의사를 충실히 대변하여야 한다는 간접민주주의의 결함을 지적하면서 정책결정과정에서 보다 많은 시민들이 참여하여 찬 · 반 토론과정을 거친 후 습득한 합리적인 의견에 따라 투표를 하여 최종결정을 한다면 이는 보다 쉽게 정통성을 확보할 수 있다고 주장한다. 특히 정보통신기술의 비약적 발전으로 대중의 참여가 가능하게 되어 전자민주주의의 가능성이 예견되고 있다. 본 논문에서는 심의민주주의가 한국의 민주화를 위한 대안으로서의 필요성과 적실성, 제도적 함의, 적용의 실례 등에 대하여 분석하겠다.

또한 심의민주주의를 실제 적용하는 과정에서 나타나는 실증적인 비판에 대하여 소개하고 이에 대한 해결책을 제시하고자 한다. 즉 심의민주주의에 대한 비판으로서 토의참가자들은 그들의 진정한 의도를 숨기고 허언(cheap talk)을 하여 그들의 의견, 선호는 심의과정을 거치더라도 변하지 않을 것이라는 주장과 심의과정은 참가자들의 기존주장을 더욱 극단적인 견해로 양분시킴으로써 진정한 통합을 저해한다는 주장이 제기되고 있다. 본 연구에서는 이러한 실증적 비판의 적실성을 검토하고 이에 대한 해결책을 제시하고자 한다.

II 심의민주주의의 필요성

심의민주주의란 모든 시민들에게 구속력이 있는 결정을 도출하기 위한 목적으로 자유롭고 평등한 시민들과 그의 대표자들이 의사결정과정에 참여하여, 상호 수용될 수 있는 합당한 이유를 제시하여 최종결정을 정당화하는 통치형태이다.[1] 이러한 심의과정은 일회에 그치지 않고 부단히 반복되는 과정이다. 예를 들어 국가보안법의 폐지가 정치적 쟁점으로 부각되었다고 가정하자. 이 문제를 단순히 국회나 정치권에서 결정한다면 그 결정에 반대하는 국민들은 이를 수용할 수 없을 것이다. 즉 최종결정의 정통성에 대한 의문을 제기할

1 심의민주주의에 대한 이러한 정의는 거트만과 톰슨의 정의를 필자가 의역한 것이다. 이에 대하여서는 Gutman & Thompson (2004, 3~7)을 참조.

것이다. 만약 이 문제를 단순히 여론조사나 국민투표를 시행하여 결정한다면 여론조작과 선동정치의 위험성 때문에 여론조사나 국민투표의 결과가 합리적이라는 보장이 없다. 소크라테스를 처형하기로 결정한 아테네 시민의 실수를 범할 수 있을 것이다. 따라서 합리적 결정을 유도하기 위하여 쟁점과 관련한 전문가, 시민단체, 이해집단, 시민대표, 정당대표들의 공청회를 개최하였다고 가정하자. 공청회에서는 찬, 반론자들이 그들의 주장의 근거를 제시하고 이를 위주로 토론이 진행될 것이다. 공청회가 언론매체를 통하여 중개된다면 일반시민들도 정확한 정보와 다양한 견해에 근거한 본인 나름대로의 입장을 형성할 것이다. 인터넷을 통하여 네티즌 사이의 공론의 장도 마련될 소지가 있다. 이러한 과정을 통하여 형성된 여론을 국정에 반영한다면 이는 보다 정통성을 확립한 결정이 될 것이다. 또한 이러한 과정을 통해 결정된 정책은 최종적인 선택이 아니다. 향후, 새로운 시각과 주장이 제기된다면 심의과정은 반복적으로 수행될 것이다. 심의민주주의 통치형태는 단순한 투표의 결정에 의거한 간접민주주의 통치형태와는 다른 것이다. 기존의 간접민주주의 통치형태는 유권자들의 단편적인 선호를 총량적으로 모으는(aggregation) 과정일 뿐이다. 국민의 선거에 의하여 당선된 정치가와 집권당이 국민 다수의 선호를 반영하여 정책결정은 하는 과정이다. 간접민주주의 통치형태에서 국민의 정치참여(political participation)는 단순히 투표에 참가하여 국민의 선호를 표시하는 협의의 개념이다. 반면 심의민주주의는 유권자들의 합리적 의견형성을 유도하고 또한 적극적 참여를 촉발하는 통치형태이다(Farrelly 2004, 140). 논란의 여지가 있는 공적인 문제에 대하여 전문가들의 찬 · 반 토론이 진행되고 이와 함께 시민들 사이에 활발한 토론이 진행된다면 국민들은 보다 정확한 지식에 근거한 합리적이고 계몽된 견해(enlightened understanding)를 형성할 수 있다. 이는 선동정치와 중우정치를 예방할 수 있는 기회를 제공한다. 또한 이러한 심의과정에 보다 다양한 견해를 갖은 보다 많은 시민들이 적극적으로 참여할 수 있는 기회를 제공한다. 정책결정 과정에 시민들의 광범위한 정치참여를 통하여 형성된 결정은 더욱 정통성이 있는 것이다.

이러한 심의민주주의가 민주주의에 대한 하나의 대안으로서 제시된 배경은 정부의 실패(government failure)이다. 비대한 관료제가 지배하는 정부는 시민들의 요구를 적절히 반영하여 해결할 수 있는 능력이 저하되었다. 정책결과의 복잡성 때문에 정치, 행정 엘리트들의 시각은 제한적이다. 이는 정부에 대한 신뢰의 실추로 이어져 정치 불신을 조장한다. 또한 대의민주주의 하에서도 국민의 대표자들은 시민들의 요구를 정확히 반영하고 있지 못하며 특별한 집단의 이익만을 반영하거나 정치적 거래에 의하여 의사결정이 이루어진다. 따라서 이러한 폐단을 치유하기 위하여 정책결정 과정에 시민들의 자발적인 참여를 유도하여 상호토론과정을 보장함으로써 합리적인 요구를 형성하고 이를 정책에 적극적으로 반영하는 심의민주주의가 대안으로서 제시되었다. 토론에 참여하는 시민과 정부 관료들은 제안된 정책을 상대방에게 정당화하여야 한다. 따라서 토론자들은 단순한 전략적, 정치적 견해에 의존하지 않고 공익의 관점에 호소하게 된다. 또한 토론에 참가한 시민과 정부 관료는 동등한 입장에서 의견 교환을 한다. 특히 권력으로부터 소외되었던 소수자들도 동등한 입장에서 의견을 개진할 수 있다. 이러한 과정을 거쳐 형성된 정책은 시민들의 합리적 의견을 반영함으로 더욱 정통성을 획득할 것이다. 나아가서 심의과정에 다양하고 상반된 견해들이 개진될 수 있기 때문에 상충되는 이해관계를 조정하여 불필요한 법적분쟁을 줄일 수 있다. 둘째, 심의민주주의는 시민들의 역할을 강조한다. 현대사회에서 시민들은 자신들의 사생활에 안주하고 정치과정에의 적극적인 참여를 못하고 있다. 또한 복잡한 정치문제에 대한 결정을 내리기 위하여서는 전문적인 지식이 필요하다. 따라서 일반시민들은 정책결정 과정으로부터 더욱 소외되고 있다. 이것을 극복하기위하여 심의민주주의는 시민들의 참여를 유도하고 찬 · 반 토론의 장을 마련하고자 한다. 토론장에 참여한 시민들은 특정 사안의 전문가들이 벌이는 찬 · 반 토론과정을 경청한 후, 시민들 사이의 소규모 토론을 진행한다. 이러한 숙고의 과정을 거친 후, 시민들이 사안에 대한 투표를 한다면 더욱 합리적인 결정에 도달할 수 있을 것이다. 토론에 참가하기 전의 시민들은 부정확한 정보에 의하여 비합리적인 의견이나 무소견의 소유자일 수 있다. 그러나 상호심의과정을 거치면서 본인의 의견을 수정하여 더욱 합리적이고 객관적인 견해를 형성할 수 있다. 본인과는 상이한 의견의 소유자와의 토론과정을 통하여 상호이득이 되는 최종안을 도출하기 위하여서는 사적인 이해와 정보를 전략적으로 악용할 수 없고 오직 공적 이성(public reasons)에만 호소하여야 한다. 따라서 심의민주주의는 계몽적인 여론형성과 합리적 결정을 보장하여 시민들에게 힘을 실어주는 면에서(empowerment rationale) 정치적 교육의 효과가 있다. 이러한 면에서 심의민주주의는 감정적인 여론조작에 의한 정치적 폐해를 차단할 수 있고 국민투표나 국민소환과 같은 직접민주주의의 결함인 중우정치를 예방할 수 있다. 또한 찬 · 반 토론과정을 겪음으로써 상대방의 이견을 관용(tolerance)할 수 있는 민주적 가치관을 함양할 수 있고 시민들과 정책결정자들 사이의 신뢰감을 회복할 수 있다. 결국 심의민주주의는 국론 분열을 방지하고 사회통합을 이룩할 수 있는 사회적 자본(social capital)이다. 셋째, 심의민주주의는 현대 대의민주주의의 단점인 정책결정자의 책임성(accountability)과 대표성을 보완할 수 있다. 국민들에게 책임을 져야 하는 정치인들은 주기적인 선거를 통하여 책임을 물을 수 있지만 이러한 제도적 장치가 충분히 작동하는 것은 아니다. 따라서 심의민주주의 정치에서처럼, 다양한 시각과 견해를 갖은 다수의 행위자가 정책결정에 영향을 미침으로써 국회의원과 정부 관료들은 다양한 의견을 충분히 고려하여 더욱 책임감을 느끼며, 심의과정을 통해 형성된 유권자들의 합리적 요구에 따라 신중한 정책결정을 시도할 것이다. 선거를 통하여 선출된 국회의원은 선거구민들의 의견이나 선호(preference)를 정책결정에 반영하여야 한다. 그러나 국회의원들이 선거구민들의 선호를 가감 없이 그대로 반영하는 것이 진정한 대표(representation)인지, 국회의원은 본인의 정치적 판단에 따라 정책결정을 하고 (선거구민의 의사에 반하더라도) 이에 대하여 차기 선거에서 유권자의 심판을 받는 것이 대의의 진정한 기능인지에 대하여는 논란이 분분하다. 이러한 논란의 와중에 심의민주주의는 하나의 대안이 될 수 있다. 즉 심의민주주의 통치형태에서 국회의원은 그의 재직 기간 동안에 유권자들과 심의과정을 유지하여 유권자들의 이기적 선호가 아닌 합리적 선호를 형성해가는 것이다. 그리고 국회의원들은 이러한 합리적 선호에 따라 정책결정을 함으로써 더욱 충실히 민의를 반영하는 것이다. 이러한 과정을 통해 형성된 유권자들의 합리적 선호는 차기 선거에서의 유권자들의 선호를 반영한다는 의미에서 심의민주주의는 예언적 대표성(anticipatory representation)이다.[2] 마지막으로 심의민주주의는 현실정치의 정책결정과정이나 인식론적(epistemology) 측면에서 유용한 통치형태이다. 정치사상의 철학적 논의가 현실정치의 길잡이 역할을 하는 것은 그 중요한 기능이다. 심의민주주의는 현실정치의 정책결정과정에 중요한 통찰력을 제시하고 있다. 필자가 심의민주주의의 정의를 소개할 때 언급하였듯이 심의는 일회에 그치지 않고 부단히 반복되는 과정이다. 일단 결정된 정책이라고 향후에 새로운 시각과 주장이 제기되고 상황변

2 이에 대하여는 Mansbridge(2003, 516)을 참조.

화가 있다면 심의는 반복적으로 수행되어야 한다. 즉 심의민주주의 통치형태하에서 모든 결정은 잠정적인(provisional) 것이다.[3] 환언하면 모든 결정은 확정적인 것이 아니고 심의과정은 항상 열려 있다. 이러한 특징은 현실정치의 정책결정과정의 유연성과 합리성의 증대에 기여할 것이다. 심의민주주의의 이러한 특징은 인식론적 차원에서 사회구성주의(social constructivism)와 맥을 같이하고 있다. 과학철학의 논의에서 사회구성주의의 주장에 의하면 현재의 상황(present state of affairs)은 당연시되거나 피할 수 없는 것이 아니다. 현재의 상황은 비합리적일 수도 있음으로 의도적인 인간의 노력으로 개선할 수 있는 것이다. 이러한 개선과정을 거쳐서 사회의 본질(reality)은 구축되는 것이다.[4] 심의민주주의는 사회구성을 위한 실천방안이다. 현재의 상황을 개선하기 위하여 새로운 개념, 주장, 시각을 창출할 수 있는 공론의 장을 마련하여 준다. 이러한 반복과정을 거쳐 사회의 본질은 구축되어 간다. 따라서 심의민주주의는 사회개혁을 위한 실천방안으로서 중요한 기능을 수행할 수 있다. 보수와 진보의 갈등을 해결하는 기제로 작용하여 현실 정치발전에 기여할 수 있다.

---

3 이에 대하여는 Ellis(2004)를 참조.

4 사회구성주의에 대해서는 다음을 참조하시오. Andre Kukla(2000), Keith Grint & Steve Woolgar(1997), Irving Velody & Robin Williams(1998), John Searle(1995).

III. 심의민주주의의 제도화

심의민주주의 통치형태에서 보다 광범위한 시민들이 참여해서 정책결정을 유도하여야 할 분야는 어떤 분야일까? 국가의 모든 정책결정 과정에 심의민주주의의 방법이 적용되어야 하는가? 아니면 제한된 분야에만 적용되어야 하는가? 긴급한 결정을 요하는 분야는 제외되어야 하는가? 입법부의 입법과정에는 적용되지만 사법부의 판결과정에는 제외되어야 하는가? 이에 대하여는 심의민주주의의 주창자들 사이에서도 의견이 분분하다. 아직 이에 대한 합의된 주장은 없는 형편이다. 그러나 필자의 견해로는 새로운 정치 어젠다(agenda)가 제시되었거나, 상반된 이견이 첨예하게 대립되는 이슈의 경우, 국가의 기존 정책결정에 심대한 변화의 경우에 심의민주주의의 필요성이 증가한다고 생각한다. 심의민주주의가 적용될 수 있는 정책결정분야에 대한 구체적인 합의는 없지만, 보다 많은 영역에 심의민주주의 방법이 확대 적용되어야 한다는 점에는 합의가 이루어진 상황이다.

이러한 심의민주주의를 현실세계에서 구현하는 과정은 세가지 차원에서 진행될 수 있다. 첫째, 최소규모로서 심의민주주의는 친구, 가족, 소집단에서의 개인적 관계에서 적용될 수 있다. 둘째, 중간규모로서 시민사회의 자발적 단체나 사회운동단체에서 작동할 수 있다. 셋째, 광역의 규모(macro level)로서 심의민주주의는 국가기구나 국제기구에 적용될 수 있다. 정부기관 내에서 토의과정이나 유럽연합(EU) 회원국 사이의 토론을 통한 의사결정 과정이 그 예이다. 우선, 최소규모인 가족 내에서 가족 구성원사이의 격의 없는 토론과 심의가 활성화된다면 상대방의 입장을 더욱 잘 이해하고 수용하여 화목한 가정을 이룰 수 있을 것이다. 급증하는 이혼율과 세대 간의 갈등을 풀 수 있는 하나의 대안이 될 것이다. 또는 시민배심원제도의 경우처럼 배심원들이 전문가와 관련자의 의견을 청취한 후, 상호 토론을 통하여 결론을 내리는 경우도 상정할 수 있다. 중간규모의 심의민주주의에 대하여서는 학계에서 활발한 이론적 논의가 전개되고 있다. 즉 시민사회에서 시민들은 자발적으로 단체를 구성하고 그들의 의견을 반영하기 위하여 정부기관과 공청회를 통하여 상호 의견교환을 하여 합리적 정책결정에 도달할 수 있다는 주장이다. 특히 이러한 차원의 심의민주주의는 지방정부 차원에 적합하다. 지방분권과 책임을 강조하고 있는 한국의 경우, 지방정부와 그 지역 시민단체간의 정책토론의 공청회가 개최되고 이를 참관한 시민들이 객관적이고 합리적인 여론형성을 하여 정책결정에 심대한 영향력을 발휘할 수 있다. 이는 정부의 효율성을 높이고 주민자치와 참여의식을 고취하여 사회통합에 기여할 것이다. 예를 들어 원전폐기물 처리장을 유치하기 희망하는 지방자치단체는 신청 전에 주민공청회나 토론회를 개최하여 정부관료, 핵전문가, 시민단체간의 찬 · 반 토론을 실시하고 이에 참가한 지역주민들의 객관적 여론 형성을 유도한다. 지역 텔레비전 방송에서 공청회를 중계 방송하여 지역주민들의 관심을 유도하고 활발한 토론 분위기를 형성한 후, 주민투표를 한다면 보다 합리적인 결과를 얻을 수 있을 것이다. 위에서 언급하였지만 심의민주주의는 나와는 의견을 달리하는 상대방의 의견을 열린 마음으로 청취하여 상대방주장의 합리적인 면을 기꺼이 수용하고 역으로 상대방도 나의 주장의 긍정적인 면을 수용함으로 각자가 갖고 있던 처음의 생각이 바뀌어서 보다 객관적인 합의를 도출하는 정치교육의 장이다. 한국의 경우, 공청회를 통하여 합리적 견해를 형성하기보다는 특정집단이나 정부정책의 홍보를 목적으로 참가자들을 자의적으로 선정하는 경향이 있다. 이는 모든 이해관계자가 동등한 자격으로 참가하여야 한다는 심의민주주의의 정신에 위배된다. 또한 특정정책에 반대하는 집단이 공청회의 개최를 물리적인 방법으로 저지하여 건전한 토론의 기회마저도 무산시킨다면 이는 사회적 갈등의 해결책이 아니라 혼란을 가중시킬 뿐이다. 심의민주주의는 적어도 시작단계에서는 특정참가자가 미리 정해진 제안을 타인들에게 설득시키기 위한 시도는 아니다(Deliberative Democracy Consortium 2004, 4). 심의민주주의는 새로운 제안, 해결책, 관심거리가 일련의 토론과정을 통해서 인식되고 우선순위가 결정되는 과정이다. 이러한 의미에서 심의민주주의는 한국의 참여민주주의의 바람직한 대안이 될 것이다. 마지막으로 광역의 심의민주주의는 한국의 정치발전을 위하여서도 의미심장한 과제이다. 국가기관 중에서 심의민주주의의 전형은 국회 내에서 활발한 토론과정이다. 각종 위원회에서의 건설적인 토론의 제도적 장치가 마련되어야 한다. 또한 의회 발전을 위해서는 국회 청문회나 공청회제도의 활성화가 요구되고 있다. 공청회를 통하여 이해관계자나 민간전문가들의 합리적 의견을 충분히 반영하여 입법이 이루어져야 할 것이다. 과거 한국정치사에서 청문회제도를 통하여 역대정권의 비리나 의혹사건을 해결하는 역할을 수행한 경험이 있는데 이러한 종류의 청문회도 필요하겠지만, 국회 상임위원회에서 공청회에 이해 당사자나 전문가를 초빙하여 상이한 의견을 조정하고 이를 입법에 반영하는 기능을 강화하여야 한다. 이러한 국회활동을 대중매체를 통하여 생중계한다면 정치에 무관심하거나 회의를 품고 있는 시민들에게 특정사항을 교육할 수 있고 따라서 대중 참여를 유도할 수 있을 것이다. 심의민주주의적 제도적 장치가 정착화 된다면 국회중심의 정치가 활성화될 수 있고 국회의 전문성도 강화될 것이다. 또한 사회여론의 반영과 이해관계의 조절을 통한 사회통합의 기능에 기여할 것이다. 쌀 시장 개방을 반대하는 농민들의 국회 앞 시위가 농민들의 분풀이 마당을 마련해 주는 데 그치는 것이 아니라 그들을 국회 내의 토론의 장으로 인도하여 건설적인 대안을 찾도록 유도하여야 한다. 재선 때문에 유권자의 표를 의식할 수밖에 없는 국회의원들의 결단이 필요한 사항이다. 극심한 의견대립이 예상되는 문제이기 때문에 국회에서 논의를 피한다면 민의의 전당으로서의 기능을 포기하는 것이다. 국회뿐 아니라 행정부 내의 관련부서들 사이의 건설적인 토론의 제도적 장치가 마련되어야 한다. 국무총리실의 국무조정실의 실질적 기능을 강화하고 이에 더욱 많은 민간전문가, 시민단체, 이해당사자들의 참여를 유도하여야 한다. 이라크 추가파병, 행정수도이전, 스크린 쿼터 폐지 문제처럼 민감한 사안의 경우 행정부 내의 관련 부서들과 민간 전문가, 이해 당사자들이 참여하는 공청회를 통하여 심사숙고의 기회를 가진다면 더욱 객관적인 여론 형성과 합리적 대안을 모색할 수 있을 것이다.

이상에서 세가지 차원에서 심의민주주의의 제도화 과정을 고찰하였다. 그러나 실질적 차원에서 심의민주주의를 적용하기 위해서는 다양한 방법이 제시되었다. 특히 정보통신기술(information and communication technologies)의 비약적인 발전으로 인하여 다수의 대중들이 정책토론 과정에 효과적으로 참여하는 전자민주주의(e-democracy 또는 teledemocracy)의 출현이 기대되고 있다. 텔레비전, 전화, 컴퓨터 통신 등의 기능이 발전하여 양방향 의사전달이 가능한 상황에서 시민들은 더욱 효과적으로 정책결정에 참여할 수 있게 되었다. 이를 위한 첫 단계로서 행정부와 국회는 그들의 웹 사이트(portal web site),전화, 이메일 등을 이용하여 시민들에게 정보를 제공한다. 두 번째 단계로서 시민들은 그들의 반향을 행정부와 국회에 전하는 자문역할을 수행한다. 세 번째 단계로서 시민들은 시민상호간에 토론을 통한 문제제기를 하거나 새로운 정책대안을 행정부와 국회에 제시한다. 물론 최종 결정은 정치권의 몫이지만 이러한 과정을 통하여 시민들은 적극적으로 정책결정과정에 개입하게 된다. 그러나 전자민주주의가 성공적으로 정착되기 위해서는 통신

수단의 이용 시, 실명을 사용할 것을 권유하거나 진지한 토론을 유도하기 위하여 저속한 용어를 사용하는 것을 차단하는 보안 프로그램을 활용하여야 할 것이다. 또한 특정집단이 토론을 독점하는 것을 방지하기 위하여 참여 빈도를 일정기간, 일정 횟수로 제한하는 장치가 필요하다.

앞에서도 설명했듯이 국민의 대표자인 국회의원과 행정 관료는 심의 과정을 통하여 형성된 합리적 민의를 충실히 반영하는 예언적 대표자이다.[5] 이를 위하여 정보통신기술을 이용한 접촉 방법뿐 아니라 – 예를 들어 전자투표, 전자회합(electronic town meeting)–시민대표들의 면대면(face-to-face) 접촉의 방법이 보완적으로 활용되어야 한다. 익명성을 악용한 불성실한 토론의 가능성을 제거하기 위하여 시민들의 면대면 접촉 방법이 보완적으로 수행되어야 한다. 시민 대표들의 면대면 회합은 훈련된 전문가에 의하여 기획되어 합리적 토론의 장이 될 수 있도록 조직되어야 한다. 이처럼 시민들은 상호토론을 통하여 사회적 연계망(social network)을 형성하고 공익의 관점에서 정책결정에 참여하는 사회적 자본(social capital)을 형성하게 된다. 퍼트남(Robert Putnam)이 우려하였던 미국 시민사회의 퇴조를 상징하는 '나 홀로 볼링하기(Bowling Alone)' 의 사회가 '다 함께 볼

5 이러한 의미에서 심의민주주의 통치형태에서도 국민의 대표자인 국회의원과 행정 관료는 그 역할이 부여된다. 즉 심의민주주의 통치형태에서 국회의원과 행정 관료는 필요 없는 통치기구로 전락하는 것이 아니다. 다만 합리적인 민의를 발견하여 이를 더욱 충실히 국정에 반영하는 역할이 기대되는 것이다.

링 경기하는(Bowling Together)' 사회로 전환하게 된다.[6]

Ⅳ. 심의민주주의에 대한 비판과 그 해결책

심의민주주의를 실제상황에 적용하는 과정에서 실증적인 의문을 제기하는 자들의 주장에 의하면 토론 참가자들이 토론과정에서 본인의 생각, 주장, 선호(preference)를 수정하여 상호 합의에 도달하여 공익을 위한 결정을 할 수 있다는 점은 너무 낙관적이라고 비판하고 있다. 게임 이론을 원용하여 비판자들은 토론참가자들은 본심을 드러내지 않고 허언(cheap talk)만을 함으로 의사소통이 단절된다고 주장한다. 예를 들어 A와 B 두 명이 토끼사냥을 할 것인가 사슴사냥을 할 것인가를 결정하는 게임 상황을 가정하자. 각자가 토끼사냥을 한다면 쉽게 토끼를 잡을 수 있지만, 사슴을 사냥하기 위해서는 반드시 두 사람의 협력이 필요하다. 두 사람이 사슴을 사냥하여 사슴 포획으로부터 얻는 효용이 토끼를 사냥하였을 때의 효용보다 클 것이다. [그림 1]은 이러한 게임 상황을 표시하고 있다. 각 셀(cell)의 숫자 중, 위쪽의 숫자는 참가자 A가 얻을 수 있는 효용을 표시하고 아래쪽의 숫자는 참가자 B가 얻을 수 있는 효용을 표시한다.

6 이에 대하여는 Coleman & Gotze(2003)를 참조하시오. 또한 다양한 형태의 전자 민주주의에 대하여는 Becker & Slaton(2000)을 참조.

		참가자 A	
		사슴	토끼
참가자 B	사슴	9 9	8 0
	토끼	0 8	7 7

[그림 1]

그림 1에서 모든 참가자들이 사슴사냥에 참가하여 사슴을 포획하여 얻을 수 있는 효용은 9이다. 좌측 상단의 셀에는 참가자 A, B 모두가 9의 효용을 획득하는 것을 표시하고 있다. 그러나 모든 참가자들이 사슴 사냥을 포기하고 쉬운 토끼 사냥을 한다면 7의 효용 밖에는 얻을 수 없다. 우측 하단의 셀은 이를 나타내고 있다. 이러한 게임 상황에서 A와 B는 각각 상대방에게 본인은 사슴 사냥을 할 것이라고 약속한다. 따라서 상대방도 사슴사냥에 참여할 것을 권유한다. 물론 이러한 약속이 상호 지켜진다면 두 사람은 사슴사냥에 참가하여 모두 9의 효용을 확보할 것이다. 그러나 본인은 쉬운 토끼사냥을 할 계획이면서도 상대방에는 사슴사냥을 하겠다고 허언을 하고, 또한 상대방도 똑같은 행동을 한다면 쌍방은 의사소통에 실패하여 최선의 선택인 사슴사냥을 할 수 없다는 주장이다. 이러한 게임상황에서는 공정한 중재자(mediator)가 없음으로 참가자들은 진정한 정보를 공개하지 않고 비밀을 유지하기 때문에 의사소통에 실패한다 (Farrell & Rabin 1996). 따라서 참가자들은 진정한 대화를 통하여

본인의 주장, 선호를 바꿀 수 없다.[7]

게임 이론가들의 주장을 한국의 현실에 적용하여서 그 적실성을 고찰하겠다. 최근 논란이 되고 있는 사립학교법 개정안에 의하면 비리 사학을 근절하여 재단의 전횡을 막고 민주적 운영을 위하여 여러 가지 법적 장치를 마련하였다. 학교 이사의 1/4을 학교운연위원회에서 추천하는 자로 선임하도록 규정하였다. 또한 현행 자문기구인 학교운영위원회를 심의기구로 격상하였다. 교육인적자원부와 전교조 측의 주장에 의하면 이러한 법적 장치는 재단의 전횡을 막기위한 불가피한 조치라는 것이다. 반면 사학경영인들은 개정안은 사유재산의 침해라고 반발하고 있다. 사학경영인들은 개정안을 통하여 전교조나 교육당국에 의한 학교 운영권의 장악을 염려하고 있다. 이에 대하여 전교조나 교육당국은 그러한 의도가 없다고 천명하고 있다. 게임 이론가들의 주장처럼 참가자들은 본인의 속마음을 밝히지 않고 허언(cheap talk)만을 하기 때문에 진정한 대화가 이루어지고 있지 않다는 주장이 설득력을 갖고 있는 것처럼 보인다. 그러나 실제 텔레비전 토론과정에서 사학경영인측은 전교조 측에게 전교조의 숨은 의도인 학교운영권 장악을 지적하였다. 이에 대하여 전교조 측은 무응답으로 화답하였다.[8] 이해 당사자들인 사학경영인과 전교

---

7 이에 대하여는 Austin-Smith(1992)를 참조.

8 이는 2004년 11월 3일 방영된 KBS '생방송 심야토론' 의 내용을 필자가 재구성한 것임.

조 측과의 대화, 심의 과정에서 상대방의 숨은 의도마저도 밝혀지게 되었다. 또한 이러한 토론을 지켜보는 국민들은 양측의 주장을 객관적으로 판단할 수 있는 입장이다. 국민들은 사학경영인, 전교조, 교육인적자원부와 달리 사학 운영의 직접적인 이해 당사자는 아니다. 이러한 토론을 경청하는 국민들은 교육의 기회균등과 우수한 인재양성을 위한 교육이념에 의거하여 판단을 할 수 있다. 따라서 이러한 텔레비전 토론을 시청한 일부 국민들을 선발하여 그들 사이의 토론을 진행한 후, 투표를 실시하여 그 결과를 정책결정에 반영한다면 더욱 합리적인 의사결정을 할 수 있다. 이러한 과정을 통하여 국민들은 한국의 교육현실에 대하여 더욱 정통하게 될 것이며 공익을 추구하는 태도를 기르게 될 것이다. 즉 국민들은 토론과 심의과정 전에 견지하였던 견해를 바꿀 수 있을 것이다. 한국의 경우 심의과정을 통하여 본인이 견지하고 있던 견해, 선호를 바꿀 수 있는지에 대한 실증적 연구가 부족한 상황이지만, 미국, 영국, 호주의 경우에는 실증적 분석을 통하여 국민들의 의견, 선호가 변하는 과정을 보여주고 있다.[9] 특히 구딘(Robert Goodin)의 연구는 시사하는 바가 크다.[10] 이 사례연구에서는 특정 지역개발사업을 쟁점으로 12명의 시민배심원들이 판결을 하였다. 그 지역에 거주하는 배심원들은 관계자들의 의견, 증언을 청취하고 전문가들로부터 보고를 받았다. 이

9 이에 대해서는 Fishkin(1996, 2004) Goodin & Niemeyer (2003) 등을 참조.

10 Goodin & Niemeyer의 연구결과는 필자의 연구목적과는 다른 이유에서 진행되었지만 그들의 연구결과는 필자의 견해를 실증적으로 뒷받침하는데 응용할 수 있다. 따라서 본고에서는 그들의 연구결과를 활용하였다.

보고회에서는 개발업자, 환경론자, 공학자, 시장 등이 참여하여 의견을 개진하였다. 또한 시민배심원들은 지역개발의 쟁점이 된 곳을 직접 방문하였다. 그런 후, 상호 토론의 과정을 거쳐 판결에 이르렀다. 이러한 과정에서 배심원이 처음에 견지하던 의견을 변경하였다는 실증적 결과를 얻었다. 특히 중요한 발견 사항은 의견을 변경한 이유에 있다. 배심원들이 의견, 선호도를 변경한 이유를 그 중요도 순으로 표시하면 다음과 같다. 첫째, '지역개발사업의 의미에 대하여 많은 사실과 정보를 알게 되었다는 점' 이다. 둘째, '증인들의 견해를 경청한 점' 이다. 셋째, '나의 바람보다는 전체 사회의 견지에서 문제를 바라보아야 한다는 점' 이다. 넷째, '동료 배심원과 토론과정에서 그들에게 나의 견해를 정당화시켜야 한다는 점' 이다(Goodin & Niemeyer 2003, 635). 이러한 연구에서 발견할 수 있는 점은 세 번째 사유인 공익의 관점에서 문제를 해결하려는 마음가짐이 중요한 변수를 차지한 것이다. 반면에 첫 번째와 두 번째 사유는 지역개발문제에 대하여 많은 정보를 얻었다는 점이지만 이러한 사유들은 증인, 전문가들, 이해 관계자들의 허언(cheap talk)에 의하여 영향을 받을 수 있다. 환언하면 비록 증인, 이해당사자, 전문가들의 허언이 합리적 의사결정을 방해할 수 있지만 이러한 우려는 공익을 추구하는 배심원들의 숙고에 의하여 상쇄될 수 있다. 또한 네 번째 사유인 동료 배심원을 설득시키기 위하여서는 공익의 관점이 활용될 것이다. 따라서 게임 이론가들이 주장하는 허언의 약점은 실제 심의민주주의 과정에서 작용할 여지가 적다. 구딘의 연구결과는 핵폐기물 처리장 유치를 둘러싸고 홍역을 치르고 있는 우리에게 시사하는 바가 크다.

심의민주주의에 대하여 가해지는 두 번째 실증적 비판에 의하면, 심의과정에 참여하는 참가자들은 그들이 기존에 갖고 있던 선호, 견해를 더욱 확고하게 견지하여 더욱 극단적인 주장을 하게 된다는 것이다. 특히 동일한 선호, 견해를 갖고 있던 참가자들은 토론과 심의과정에서 그들만의 접촉의 빈도를 증가하고, 이견을 갖고 있는 참가자들의 주장에 귀를 막게 되어 더욱 극단적인 집단 양극화(group polarization)를 초래한다는 비판이다.[11] 이러한 경향은 인터넷과 같은 통신매체를 사용할 경우에 동일한 선호, 견해를 견지하고 있는 참가자들 사이의 동질감을 증가시킴으로써 더욱 집단 양극화를 초래할 것이다. 한국의 경우, 지면신문과 인터넷 매체에서 보수신문과 진보신문으로 양극화된 현실에서 이러한 비판은 더욱 설득력을 지니게 된다. 그러나 이러한 문제점은 심의민주주의를 실제적으로 적용하는 과정에서 충분히 방지할 수 있다. 텔레비전, 인터넷 등의 정보통신 매체를 통하여 심의과정을 진행하는 방법과 병행하여 직접 참가자들이 접촉을 하여 면대면(face-to-face) 토론하는 방법을 첨가한다면 이견을 갖고 있는 상대방의 견해를 경청하여 그 결과 기존의 선호, 견해를 변경하거나 극단적인 주장을 피하는 효과를 가져

11 이에 대하여는 Sunstein(2002)을 참조.

올 수 있다. 정보통신 매체를 통한 동일집단만의 심의과정은 다수의 참가를 유도할 수 있는 장점이 있다. 그러나 면대면 접촉을 통한 심의과정은 이견을 갖고 있는 상대방의 주장에 귀를 기울일 수 있는 기회를 제공한다. 특히 면대면 접촉을 통한 심의과정에서 전문가들의 상방된 주장을 경청할 수 있고 심의과정을 지도할 수 있는 전문진행자들이 참가자들이 열린 마음을 갖도록 유도한다면 그 효과는 배가할 것이다.[12]

이러한 면대면 토의, 투표 과정에의 국민들의 참여를 유도하기 위하여서는 비용이 소모될 것이다. 특히 대규모의 심의민주주의 과정은 더욱 그러할 것이다. 참여하는 국민들에게 유인을 제공하기 위하여 금전적 보상이 필요할 것이다. 이러한 경비의 지출은 사안에 따라 규모가 정해질 것이지만 심의민주주의를 정착하기 위한 불가피한 비용이다. 심의민주주의를 통하여 국론의 분열, 혼란을 막고 정통성을 확보하는 정책결정과정을 정착시킬 수 있다면 그 비용은 문제될 것이 없을 것이다. 민의가 반영되지 않은 정책결정 때문에 유발되는 사회적 후유증과 혼란을 방지하기 위하여서 지불하여야하는 최소한의 합리적 비용이다.

---

12 실제 1998년 미국 애리조나 주에서 시행된 국민연금 관련 공청회에서 진행자들은 참가자들에게 공청회의 목적이 다양한 견해를 열린 마음으로 수용하여 최선의 개선책을 모색하는 점이라는 것을 심의과정에서 반복적으로 숙지시킴으로써 효과를 거두었다. 이에 대해서는 Barabas(2004)를 참조.

V. 결론

국민 소득 2만 불 시대를 위하여 노력하고 있는 우리로서는 국론을 정제하여 집결시키는 것이 국가발전의 원동력이다. 심의민주주의의 주장처럼, 특정계층이나 특정집단의 지혜가 아니라 모든 국민들의 객관적이고 합리적인 여론을 형성하는 것이 절실히 필요한 상황이다. 이러한 계몽적 여론을 형성하고 그의 지지를 받는 정권이야말로 국가적 사업을 효율적으로 추진할 수 있다. 또한 사회통합을 이룩하기 위한 제도적 장치로서 심의민주주의는 순기능을 담당할 것이다. 그러나 심의민주주의의 역기능을 방지하기 위하여서는 실증적 적용의 세밀한 장치가 필요하다. 그리하여 심의참가자들의 선호, 견해를 수정할 수 있고 극단적인 집단 양극화를 방지하여야 한다. 한국의 경우, 전자정부법을 제정하였고 행정자치부의 주도하에 전자정부를 위한 실질적 장치가 추진되고 있다. 그러나 진정한 의미에서 심의민주주의 실현을 위한 제도적, 실증적 실험은 이루어지고 있지 않은 실정이다. 단순히 행정부나 국회의 자료를 일부 공개하는 수준이거나 인터넷을 통한 의견 수집에 머무르고 있다. 발달된 정보통신매체와 면대면의 심의과정을 혼합한 토론의 장이 마련되고 이것이 활성화되어서 국민의 합리적 의견 형성과 이를 국정에 적극 반영하는 기제가 마련되어야 한다. 민주주의 제도를 보완, 수정하여 완벽한 제도를 수립하려는 노력은 서구민주주의 역사의 오래된 노력이다. 기존의 간접민주주의 통치형태의 폐해를 지적한 루소(Jean

Jacques Rousseau)는 국민들은 선거일에만 주인행세를 할 뿐, 선거가 끝난 후에는 노예로 전락한다고 통탄하였다. 루소가 직접민주주의를 주창하였던 18세기보다 현재의 21세기는 국민들의 적극적이고 포괄적인 참여를 유도할 수 있는 과학기술이 발달된 상황이다. 따라서 심의민주주의는 민주주의의 약점을 보완할 수 있는 새로운 시도이다.

참 고 문 헌

Ackerman, Bruce and Fishkin, James S. 2002. "Deliberation Day." *Journal of Political Philosophy* Vol.10, No.2 (June). 129~152.

Austen-Smith, David. 1992. "Strategic Models of Talk in Political Decision Making." *International Political Science Review* Vol.13, No.1 (January). 45~58.

Barabas, Jason. 2004. "How Deliberation Affects Policy Opinions." *American Political Science Review* Vol.98, No.4 (November). 687~701.

Becker, Ted and Slaton, Christa Daryl. 2000. *The Future of Teledemocracy*. Westport: Praeger.

Bessette, Joseph M. 1994. *The Mild Voice of Reason*. Chicago: Univ. of Chicago Press.

Bohman, James & Rehg, William eds. 1997. *Deliberative Democracy*. Cambridge: MIT Press.

Cohen, Joshua. 1989. "The Economic Basis of Deliberative Democracy." *Social Philosophy & Policy* Vol.6, No.2 (Spring). 25~50.

Coleman, Stephen and Gotze, John. "Bowling Together: Online Public

Engagement in Policy Deliberation." http://bowlingtogether.net/bowlingtogether.pdf(검색일: 2005. 4. 5).

Deliberative Democracy Consortium. 2004. "The Deliberative Agency." http://deliberative-democracy.net/resources(검색일 : 2005. 4. 15).

Dryzek, John S. 2000. *Deliberative Democracy and Beyond*. Oxford: Oxford Univ. Press.

Dryzek, John S. 1990. *Discursive Democracy*. Cambridge: Cambridge Univ. Press.

Ellis, Elisabeth. 2004. "Provisionalism in the study of politics." Ian Shapiro et al. eds. *Problems and Methods in the Study of Politics*, 350~376. Cambridge: Cambridge Univ. Press.

Elster, Jon ed. 1998. *Deliberative Democracy*. Cambridge: Cambridge Univ. Press.

Farrell, Joseph and Rabin, Matthew. 1996 "Cheap Talk." *Journal of Economic Perspectives* Vol.10, No.3 (Summer). 103~118.

Farrelly, Colin. 2004. *Introduction to Contemporary Political Theory*. London: Sage.

Fishkin, James. 1996. "The Televised Deliberative Poll." *Annals* Vol.546 (July). 132-140.

Fishkin, James. 2004. "By The People: January Deliberative Poll Results." http://cdd.stanford.edu/polls/docs/2004/btpresults0104.pdf (검색일: 2005. 4. 4).

Fishkin, James. 1995. *The Voice of the People*. New York: Yale Univ. Press.

Goodin, Robert E. 2000. "Democratic Deliberation Within." *Philosophy & Public Affairs* Vol.29, No.1 (Winter). 81~109.

Goodin, Robert E. and Niemeyer, Simon. 2003. "When Does Deliberation Begin?" *Political Studies* Vol.51, No.4 (December). 627~649.

Grint, Keith and Woolgar, Steve. 1997. *The Machine at Work*. Cambridge; Polity.

Gundersen, Adolf G. 2000. *The Socratic Citizen*. Lanham: Lexington Books.

Gutman, Amy & *Thompson, Dennis*. 1996. *Democracy and Disagreement*. Cambridge: Harvard Univ. Press.

Gutman, Amy and Thompson, Dennis. 2002. "Deliberative Democracy Beyond Process." *Journal of Political Philosophy* Vol.10, No.2 (June). 153~174.

Gutman, Amy & Thompson, Dennis. 2004. *Why Deliberative Democracy*? Princeton: Princeton University Press.

Habermas, J rgen. 1998. *Between Facts and Norms*. Cambridge: MIT Press.

Kingwell, Mark. 1995. *A Civil Tongue*. University Park: Pennsylvania State Univ. Press.

Knight, Jack & Johnson, James. 1994. "Aggregation and Deliberation." *Political Theory* Vol.22, No.2 (May). 277~296.

Kukla, Andre. 2000. *Social Constructivism and the Philosophy of Science*. London: Routledge.

Laden, Anthony Simon. 2001. *Reasonably Radical: Deliberative Liberalism and the Politics of Identity*. Ithaca: Cornell Univ. Press.

Levine, Peter. 2000. *The New Progressive Era*. Lanham: Rowman & Littlefield.

Mansbridge, Jane. 2003. "Rethinking Representation." *American Political Science Review* Vol.97, No.4 (November). 515~528.

Page, Benjamin. 1996. *Who Deliberates?* Chicago: Univ. of Chicago Press.

Searle, John. 1996. *The Construction of Social Reality*. New York: Free Press.

Sunstein, Cass R. 2002. "The Law of Group Polarization." *Journal of Political Philosophy* Vol.10, No.2 (June). 175~195.

Sunstein, Cass R. 2000. "Deliberative Trouble?: Why Groups Go to Extremes." *Yale Law Journal* Vol.110, No.1 (October). 71~119.

Valadez, Jorge M. 2001. *Deliberative Democracy, Political Legitimacy, and Self- Determination in Multicultural Societies*. Boulder: Westview Press.

Velody, Irving & Williams, Robin eds. 1998. *The Politics of Constructionism*. London: Sage.

Part 3

참여민주주의와 의사소통적 시민 참여

이황직(숙명여자대학교 의사소통능력개발센터)

참여민주주의와 의사소통적 시민 참여

I. 민주주의의 심화와 소통 합리성의 요구

1987년 이후 우리 사회는 독재 체제에서 민주 정체로의 이행, 시민사회의 성장, 정보사회로의 진행, 세계화의 진전 등과 같은 엄청난 변화를 겪었다. 이 과정에서 결코 변화하지 않을 것만 같았던 사회 구성원의 획일적 사고와 순응적 삶의 태도가 변화하고 있다. 민주화 이후에도 '과연 무엇이 달라졌는가' 라는 회의와 자조가 늘고 있는 것도 사실이지만(박영신 1999; 최장집 2002), 그러한 자기비판에 겸허해지게 되는 것 또한 그만큼 우리 사회가 변화했다는 반증이다. 오랫동안 지속되어 온 권위주의적 지배 체제 아래에서 국가주의와 경제주의에 순응해 왔던 규범과 가치를 대체하는 '새로운 생각과 마음' 의 성장, 다시 말해 차이를 인정하는 다양성의 확장, 국가의 주인으로서 시민의 정치적 책임성의 확대 등에 대한 긍정적인 태도 변화가 이루어지고 있다는 신호인 것이다. 선거 때는 물론 일상의 이슈에 대한 문제 제기, 의제 선정, 정책 결정, 입법, 평가 등 정치의 모든 과정에서 시민 참여가 이루어져야 한다는 당위에 대해서만큼은 이의를 제기하지 않을 만큼 우리 사회는 진보하였다.

그런데 우리 사회는 시민 참여의 긍정에 필적할 만한 민주적 참여의 경험이 축적되어 있지 않다. 독재 체제에 맞서 싸운 민주화 운동의 경험이 현재의 다원화된 사회 체계의 갈등을 풀어나가는 데 유효한 자원으로 그대로 이용될 수는 없다. 새롭게 제기되고 있는 갈등을 보자. 개인의 양심과 공동체 윤리상의 충돌, 소수자의 권익 투쟁, 사회 세력 간의 다양한 이익 갈등, 기존 성장주의와 새로운 생태주의와의 대립과 같은 가치 갈등 등의 문제들에 접근하는 데 옛 투쟁의 경험은 큰 도움을 주지 못한다. 토론과 합의 문화를 발전시킬 수 없었던 민주화 운동기의 역사적 부채는 새로운 갈등의 조정과 해결을 더욱 어렵게 하고 있다.

물론 사회 갈등으로 인한 손실은 민주주의를 위해 치러야 할 당연한 대가이다. 갈등을 통해 우리는 사회 체계의 비정상적인 작동을 알게 되고 이를 바로잡을 통합의 계기를 마련한다(Coser 1956). 그러나 사회 체계가 경직적인 상태에서 수용할 수 없을 만큼 갈등이 커지거나, 갈등의 성격이 실제 이익을 둘러싼 현실 문제를 중심으로 하지 않은 채 이념 갈등과 같은 비현실적인 문제에 치중하게 된다면 상황은 달라진다. 그러한 '적대적 갈등' (Bernard 1957)은 이성적 수준에서 작동하지 않기에 대화와 토론을 불가능하게 만들어 (Vancil 1993, 298), 사회 발전에 기여는커녕 사회 내 파벌의 강화만을 가져와 결국 사회 해체를 촉진시키게 된다. 따라서 민주 사회의 공고화는 참여의 외연 확대가 아닌 참여 과정에서의 의사소통적 합리성을 높일 수 있는가의 여부에 달려 있게 된다. 단기적으로 갈등 당사자 수준에서 먼저 갈등 성격을 적대적인 것에서 현실적인 것으로 전환시킬 능력을 배양하는 것이 시급하다. 장기적으로 사회 갈등을 개인과 사회 수준에서 창조적으로 해결할 수 있는 능력을 배양할 수 있는 토대를 지금부터라도 확보해 나가야 한다(Dryzek 2005). 개인 수준에서는 민주적 습속을 내면화하고, 사회 수준에서는 민주 사회에 걸맞은 갈등 조정의 제도와 관습을 축적해 가는 것이 바로 그 내용이다.

이러한 문제의식을 바탕으로 이 연구는 현 단계 참여민주주의의 과제를 '의사소통적 참여를 통한 민주주의의 습속화' 로 제시한다. 여기서 '의사소통적 참여' 란 시민들이 나날의 삶의 현장에서 대화와 토론을 통해 공공의 문제에 대한 자신의 태도와 행위를 변화시켜 가는 것을 의미하고, '습속화' 는 민주적 생각과 습속이 나날의 삶의 정치에서 뿌리내리는 것을 의미한다. 2장에서는 이러한 제안의 문제 의식에 해당하는 현 단계 한국의 갈등 상황을 검토할 것이다. 다음에는 실천 과제를 구체화하기 위해, 3장에서는 참여민주주의의 이론을 고찰한 후 현재 한국에서의 적용 상황을 시민운동 차원과 참여정부 차원에서 비판적으로 고찰한다. 4장에서는 심의민주주의에 기초한 전략으로서 의사소통적 참여의 논리와 방법을 제시할 것이다. 민주주의의 습속화를 위한 장기적 기획으로서 일상에서의 대화와 토론을 훈련시킬 교육 방안을 탐구할 것이다.

II. 현단계 사회 갈등의 분석

시민사회의 민주주의적 규범과 가치의 확산에 따라 우리 사회의 갈등 표출 및 전개 양상이 함께 변화하고 있다. 물론 현재의 모든 사회 갈등이 민주적 규범 가치의 확산과 관련을 갖지는 않을 것이다. 민주적 가치의 외피를 쓴 집단이기주의 분출 사례가 그것이다. 그러나 그러한 사례는 민주화 이전에도 있었고, 민주주의가 공고화된 이후에도 여전히 남아 있을 것이다. 따라서 여기서는 규범 가치의 민주화와 관련된 사회 갈등 양상만을 다음의 두 범주로 나누어 각각의 원인과 특성을 분석하고자 한다.

첫째, 지난 몇 년간 새롭게 출현한 갈등을 분석해 보자. 이 새로운 사회 갈등은 그 발생 영역이 체계 수준이 아닌 나날의 삶의 수준에서 생겨나고 있다는 점에서 과거의 갈등과 확연히 구분된다 (Touraine 1992; 정수복 2001). 구조적 모순만으로 설명할 수 없는 이러한 갈등은 그 하나하나가 나름의 기원과 역사를 갖기 때문에 그 성격을 이해하기 위해서는 행위자와 구조 사이의 세밀한 연관을 살펴보아야 한다. 여성, 환경, 장애인, 이주노동자, 청소년, 노인 등의 주체들은 이른바 '정체성의 정치'를 통해 그동안 스스로도 당연시해 왔던 제도와 관습의 정당성과 유효성에 의문을 제기하기 시작했는데, 이러한 '새로운 사회운동'의 주제 영역이 한국 정치의 민주화라는 역사적 · 사회적 조건과 맞물리면서 '새로운 사회 갈등'의 축으로 등장하기 시작한 것이다. 이때 새로운 사회 갈등은 민주적 가치 규범의 확산의 결과로 해석할 수 있다.

둘째, 계급, 지역, 이념 등을 따라 확연한 대립 전선을 형성했던 옛 갈등의 축이 여전히 미해결의 상태로 남아 있다가 최근 들어 그 작동 방식을 달리 하여 새로운 형태로 구조화되어 가는 갈등을 분석해 보자. 옛 갈등의 축은 약화된 상태로 남아 있기는 하지만 언제든 다시 활성화될 조건이 갖추어져 있다. 계급, 지역, 이념 갈등의 경우, 과거에는 갈등의 한 쪽이 다른 한 쪽에 의해 일방적으로 피해를 당하는 관계였지만 현재는 대등한 권력 위치를 점한 갈등의 양 당사자가 서로 자신에게 유리한 방향으로 갈등을 이용하고 있다. 계급 갈등의 경우, 1980년대 말부터 노/자 타협을 거치면서 구조화된 노동시장 분절화의 영향으로 비정규직 노동자 집단에 대한 차별 대우가 새로운 이익 갈등의 진원지가 되고 있다. 대기업과 중소기업(수직적 분업 관계의 하청기업), 대기업 정규직 노동자와 비정규직 노동자 등 이익 갈등의 당사자들은 더욱 다양해졌고, 이들은 자신의 계급 위치에 따라 다양한 대립과 연대의 지점들을 생성해내고 있다. 지역 차별로 인한 갈등 또한 완화되었지만, 정치 세력들의 지역주의 동원 전략에 의해 선거를 중심으로 활성화되고 있다. 이념 갈등의 양상 또한 변화되었는데, 과거 민중운동 집단에 대해 지배 집단이 사용하던 '색깔론'이 이제는 좌우 양측이 서로에 대해 비판하는 합당한 사실조차도 거부하기 위한 수단으로 '역(逆)-색깔론'을 사용하는 것이 일상화되어 가고 있다. 이처럼 옛 갈등의 축은 사라지지 않았다. 다만 갈등 당사자의 권력 위치가 대등해지면서 과거와 같은 폭력적 갈등 종결(conflict resolution)을 꾀하지 못할 뿐이다. 이런 점을 종합해 보면, 옛 갈등 축의 성격 변화는 정치적 민주화의 결과이기는 하되 민주적 규범 가치의 확산에 적대적이라는 점이 드러난다.

이러한 범주 구분을 통해 필자는 민주적 규범 가치의 확산과 직접적으로 관련된 사회 갈등 양상은 이른바 '새로운 사회 갈등'임을 지적하고자 한다. 옛 갈등이 여전히 존재하고 있지만 이미 구획된 진보와 보수의 축을 따라 각급 단위의 정치적 동원을 위한 자원으로 활용되고 있다는 점에서, 타협과 흥정이라는 현실 정치의 해법을 따르는 것이 차라리 효과적이다. 그러나 새로운 사회 갈등의 경우는 다르다. 스스로를 충분히 대변할 수 없는 정치적 소수자들은 문제 제기 단계부터 여론의 관심을 얻기 위해 타협을 거부한 채 원칙적인 수단과 방법을 택하게 된다. 구체적인 사례로는 개인 신앙의 자유와 학교의 창학 이념 사이의 갈등에서 빚어진 강의석 군 문제, 개인 양심과 국가 안보 논리가 충돌한 양심적 병역 거부 문제, 생태론적 가치와 국가/시장의 개발논리가 충돌한 지율 스님 문제, 그리고 현재 진행되고 있는 중고등학생들의 고교 내신 철폐 및 두발자유화 주장 등이 그것이다. 이런 수준의 갈등에서 종래의 국가와 시민사회 구도는 문제 해결에 거의 도움이 되지 못한다. 정파와 이념 대립, 그리고 이익 갈등의 경우에는 중재자가 나설 수 있었다. 그러나 개인의 양심과 사회 윤리(제도)의 대립은 국가와 시민사회 모두 특정한 중재자 없이 갈등 상황을 지켜볼 도리밖에 없다. 만약 개인의 양심의 우선성이 여론의 지지를 얻게 되면 사회는 도덕적 무정부주의에 따른 해체의 위험에 직면할 수 있고, 반대로 사회 윤리(제도)가 여론의 지지를 받게 되면 대중에 의한 개인 양심의 침해가 나타날 수 있다.

기존의 갈등 개입 전략이 효과적이지 못한 새로운 사회 갈등 상황에서는 결국 각각의 문제에 대해 시민사회 일반이 대화와 토론을 통해 계몽적 대안과 실질적 대안을 차분히 준비해 나갈 수밖에 없다. 갈등의 당사자인 사회적 소수자 역시 초기의 이슈 제기 단계에서 대중의 관심을 환기시키는 데 성공했다면, 차후에는 합리적 대화와 토론으로 문제를 가치 수준이 아닌 사회 정책의 문제로 전환시켜야 한다. 이처럼 새로운 사회 갈등 상황은 시민사회와 갈등 당사자 모두 심화된 민주주의의 원리에 기초한 대화와 토론을 통해 현상황을 어떻게 개선시킬 것인가를 논의해야 한다. 현단계 민주주의의 과제는 현실 정치에 대한 시민사회의 과도한 개입보다는 새로운 갈등 상황에서 시민사회 일반의 합리적 의사소통을 증진시킬 수 있는 공론장의 확보에 있다는 것이 이 연구의 전제이다.

III. 참여민주주의의 이론과 현실

참여민주주의를 지지하는 이론가들은 자유민주주의 체제하의 '대의제의 실패'에서 시민 참여의 정당성을 찾는다. 선거를 통해 구성된 대의제 정부 하에서도 만약 시민이 국가 통치권의 지배에 대해 복종만 해야 한다면 그것은 비민주적 체제와 실질적 차이가 없다. 시민의 의사가 배제된 채 진행되는 현실의 정치 과정에서 시민들은 결국 주권자라기보다는 신민(臣民)으로서 존재할 뿐이다. 개인과 국가를 매개하고 동시에 바람직한 여론을 생성해 낼 시민사회를 정치 과정에서 소외시키는 것을 체제 안정에 효과적이라고 보는 것이 대의제에 기초한 자유민주주의의 현실이었다(Pateman 1970).

이러한 문제점에도 불구하고 대의제를 유지할 수 있었던 근본적인 이유는 참여 대중의 능력에 대한 오래된 (나름대로 설득력 있는) 불신이 있었다. 1920년대 월터 리프맨과 존 듀이 사이에서 벌어졌던 논쟁, 곧 기술공학의 급속한 발전과 맞물려 도래한 전문가 시대에 어떻게 시민의 참여를 확보할 것인가에 대해 그들이 제출한 답안을 보자. 이들은 문제의식을 공유했지만 제시하는 해결책은 서로 달랐다. 리프맨이 시민의 능력에 대해 절망적이었던 데 반해, 듀이는 시민과 전문가의 적절한 역할 분담을 인정한 바탕에서 전문가가 사회적 요구와 필요에 대해 경험적으로 문제제기를 하면 시민은 그것을 추구하기 위한 민주적 의제를 제기한다고 보았다. 전문가와 시민의 상호 교류를 통해 논쟁, 토론, 설득이 진행되어 국가 정책을 제어할 수 있다는 데에 듀이의 강조점이 있었다(Fischer 2004: 21-22).

그러나 현대 사회의 다원화와 함께 동시에 진행되는 복합성의 증가(융합)의 과정에서 전문가와 시민 대중의 이분법의 유효성은 사라지고 있다. 첫째, 정보화 사회의 도래와 함께 특정 사안에 대해 전문가보다 뛰어난 지식을 갖춘 '전문적 대중'이 등장하기 시작했다. 둘째, 전문가주의의 원칙이었던 공공정책전문가(public policy elites)의 중립성과 전문성이 허구였음이 드러나기 시작했다(달 1999). 이 두 개의 문제의식은 향후 시민 협치(civil governance)의 발전 과정에서 정교화하였다. 셋째, 중립성과 객관성을 확보할 수 없다면, 사안에 대해 특정한 입장을 옹호하는 당사자 및 전문가들이 솔직하게 차이를 인정한 상태에서 토론할 수 있는 의사결정 과정을 강조하는 것이 낫다는 것이다(Young 2000). 마지막 문제 의식은 심의민주주의(deliberative democracy)의 분화 근거이기도 하다.

대의제 실패의 또 다른 이유는 정치적 대표성의 문제에 있다. 대표자는 자신이 대리해야 할 집단의 이익보다는 개인의 이익을 추구하는 경향이 있다. 일찍이 미헬스가 노동계급정당에서도 관철되는 과두제의 철칙을 제시하였고(Michels 1962), 마넹은 실질적으로 정당에 의해 대의제가 축소된 근대국가에서 시민과는 무관한 정당 지도자들 간의 합의를 비판했다(마넹 2004). 의회에서 특정 계층과 이익집단의 경우는 과대 대표되고 일부 계층은 과소 대표되고 있다는 것은 더욱 심각한 문제이다. 정치적으로 통일되지 못한 집단은 자신의 목소리를 정치 과정에 전혀 반영시킬 수조차 없었다. 과거 노동계급과 도시빈민이 여기에 해당되었다면, 1960년대 이후에는 유색인종, 여성, 동성애자, 장애인, 생태론자, 반핵 및 평화주의자, 청소년/학생 등이 새롭게 대표되지 못한 집단의 목록에 첨가되었다. 이들의 정치 참여는 민주주의의 원리에 대한 근본적인 성찰의 계기를 마련하였다. 실제로 고대 그리스의 폴리스 이후 잊혀졌던 참여민주주의를 재발견한 것은 미국 신좌익계 학생조직인 SDS(the Students for a Democratic Society)의 공헌이었다. 이들은 '포트휴런 선언' (Port Huron Statement 1962)에서 미국 사회의 불평등과 관료주의를 극복할 수 있는 대안으로서 공동체 조직 건설과 함께 참여민주주의를 제시하였다(김덕호 김연진 2001).

참여민주주의의 주장에도 다양한 가름들이 있지만, 공통적인 주장을 제시하면 다음과 같다. 이들은 자유주의의 고립된 개인이라는 가정 및 공리주의적 행위 지향성에 대해 비판적이다. 대신 이들은 시민들이 참여 '과정'을 통해 공동체의 성원으로서 민주적 자질을 키워 갈 수 있다고 믿는다(Barber 1984). 둘째, 이들은 대의제에 의해 축소되었던 '정치' 본래의 개념을 재발견하고 그 가능성을 키워나가려고 한다. 아리스토텔레스가 인간을 '정치적 동물'로 규정했을 때 '정치'의 의미, 곧 폴리스의 공공 업무에 참여하는 것을 현재에 실현하려는 것이다(Dallmayr 1993; 아렌트 1996). 참여와 정치를 이런 의미로 재해석하게 될 때, 이들이 추구하는 사회적 이상은 의사소통을 통한 '새로운 공동체'로 귀결된다. 이 공동체는 경제와 정치 논리에 의해 작동되는 거대한 사회를 넘어서서 친밀한 생활세계를 보존하며, 전통 공동체에 대한 맹목적인 향수가 아닌 시민들의 소통을 통해 공동의 규준을 만들어가는 생성적인 공동체이다.

서구의 참여민주주의의 논리가 '대의제의 실패'라는 조건에서 출발하는 데 반해, 한국의 참여민주주의 흐름은 그러한 대의제 자체의 비성숙 상태를 개선하려는 사회운동 참여자의 실천적 요구에서 비롯되었다는 것이 특징이다. 보수적 민주화 과정 및 1990년대 '변혁적 민중운동의 한계'에 직면한 진보적 사회운동 집단은 정세 변화에 대응하여 새로운 정치 개혁 논리를 제출해야 했고, 그 결론으로 등장한 것이 참여민주주의론이다(참여사회연구소 1997). 한국의 사회운동과 참여민주주의가 긴밀히 결합되어 있는 것도 바로 그 때문이다.

현재 한국의 시민운동은 1970년대와 1980년대의 민중운동을 기반으로 성장하였다. 그 기원이 민중운동의 심화이건 또는 그것과의 단절이건 간에, 1990년대 중반 이후 시민운동은 정치경제적 모순 이외의 다양한 사회적 갈등에 대응하면서 성장하였다(이황직 2004). 환경운동을 중심으로, 반전평화운동, 여성운동, 소수자운동, 그리고 각종의 권익주창(advocacy) 운동 등 다양한 관심들의 목소리가 터져 나오기 시작하면서, 운동의 규범과 방식도 더욱 민주화 다원화되어야 한다는 요구에 직면하게 되었다. 이러한 운동 내부 조건의 변화에 대해 현장 활동가 스스로의 반성이 결합되었다는 것이 현재 한국에서 참여민주주의를 주창하는 시민운동 이론의 고유한 특성을 이루는 것이다.

그러나 이러한 전망이 실제 한국의 사회운동 현장에서 관철되고 있는가의 질문에 대해 선뜻 동의할 수 없는 증거들이 있다. 시민운동을 지배 체제의 민주적 전환을 위한 운동 역량 강화의 수단으로 본다면, 2000년 국회의원 총선거의 낙천낙선운동은 성공한 사례이다. 당시 이들은 '대의의 대행(proxy representation)' 논리를 내세워, 무능력과 부패로 얼룩져 스스로의 개혁 능력을 상실한 제도 정치권을 심판하고자 했다(조현연 · 조희연 2001). 그러나 최종 981개 시민사회단체가 참여한 '총선연대'의 성공은 역설적으로 한국 사회운동이 여전히 명망가와 소수의 활동가에 신념에 찬 노력으로 꽃을 피웠던 옛 민주화 투쟁의 전면적 동원 방식에서 더 이상 진전하지 못했다는 점을 드러낸다.[1] 2000년 총선연대에 참여한 개별 운동 단체 내부에서 참가 여부를 회원들이 심사숙고하는 과정은 생략되어 있었다. 낙천낙선운동의 근거로 제시되었던 대의의 대행 논리는 정치권의 무능 부패라는 조건으로 쉽게 합리화될 수 있었지만, 총선연대에 대한 국민들의 엄청난 호응을 시민 참여의 확대 계기로 발전시키지 못했다는 점에서는 비판을 피할 수 없다. 처음부터 정치적 목적 달성을 위한 수단으로서 기획된 이벤트는 지속적 참여를 위한 소통의 계기를 마련해 주지 못한다(정수복 2001). 대의의 대행 이후 시민들은 시민단체들이 '참여의 대행'을 잘 해 주리라 믿게 되었을 뿐이다. 결론적으로 우리의 정치적 시민운동은 급속도로 성장했지만, 실제 우리 삶을 참여의 계기로 이끌어가는 (시장과 국가로부터 독립된) 자유로운 결사의 영역을 확보하려는 시도는 여전히 악전고투 중에 있다. 실제로 사적 개인이 공공의 문제에 대해 높은 관심과 관여의 수준을 보이고 있는지, 공동체 차원에서 사유하고 타협할 수 있는 시민적 덕성(civility)이 뿌리내리고 있는지에 대해서는 쉽게 긍정적인 대답을 내릴 수 없다.

지난 십여 년간 한국의 시민운동단체들은 시민들의 참여의 요구를 조직화하는 다양한 방법을 실험하였고, 그 가운데 정치 개혁 부문에

1 참여연대 관계자 스스로도 "총선연대 운동은 미국 시민단체 방식의 낙선운동이라기보다는 1987년 6월의 '민주화' 운동과 유사한 면을 더 많이 가지고 있다"고 말한다(김민영 2004: 91).

서는 성공을 거두었다. 그러나 실제 시민들의 참여는 회비 납부와 소식지 읽기, 1회성 이벤트 참석 등의 수동적인 영역에 머물렀다. 여전히 시민들은 자신들의 역사적 경험을 통해 신뢰할 수 있다고 판단한 시민단체를 지원하고 있지만, 의제 선정과 정책 형성 과정에 참여하는 것을 꺼리고 있다. 따라서 한국의 시민운동은 시민사회의 구성원인 시민들 자신에게 초점을 맞추어야 한다.

시민운동이 열광적 성장의 단계를 지나 성찰적 심화의 단계에 있다면, 현실의 참여민주주의는 심화 이전의 무반성적 단계에 있다고 볼 수 있다. 2003년 출범한 노무현 정부가 스스로를 '참여정부'로 부르면서 참여민주주의는 소수 운동 집단의 이론적 과제에서 작동중인 실천 과제로 위상이 변화하였다. 참여정부는 원칙상 국가 정책 전반에 국민의 참여를 확대하여 실질적 민주주의를 정착시킨다는 목표를 제시하였다. 물론 정부의 이러한 국정 목표는 강화된 시민사회의 참여 요구를 더 이상 배제할 수 없는 상황에서 '제도적 참여'를 통한 사회 갈등 관리 및 사회 재통합을 적극적으로 추진한다는 의미를 담고 있다.[2] 참여정부 들어서 정책 형성 및 결정 과정에 시민 참여를 보장하는 법과 제도의 정비가 뒤따랐고, 여러 사회 현안

2 참여의 제도화는 논쟁적인 문제이다. 운동이 갈등의 적대세력을 규정해야만 체제 내로 편입되지 않는다는 의미에서 시민협치와 같은 제도화된 운동 방식은 운동의 정체성에 문제를 가져올 수 있다. 그러나 (1) 우리 사회가 민주주의 이행기를 거쳐 공고화 단계로 나아가고 있다는 현실적 조건, (2) 사회 갈등을 조정하기 위한 시민사회의 역할을 위해서는 운동의 제도화가 필수적이다. 중요한 것은 제도화된 운동 방식을 시민 참여

에 대해 시민의 문제제기 또는 실천적 관여가 늘어난 것은 사실이다. 그러나 국가가 앞장서서 참여를 조직화하면서 정부는 갈등의 중재자가 아닌, 갈등 당사자가 되어 버렸다. 시간이 흐를수록 갈등의 성격은 현실적인 것에서 적대적인 것으로 전환되었고, 그 과정에서 이념적으로는 시민 편이면서 현실로는 정책 일관성을 강조하는 참여정부의 모순만 강화되고 있다.

이를 현단계 참여민주주의 정착 과정에서 빚어질 수 있는 건강한 시행착오라고 인정할 수도 있다. 현정부가 '공공기관 갈등관리에 관한 기본법' 을 입법 예고한 것은 그러한 문제점에 대해 나름대로 타당하게 대처한 결과이다. 그러나 그 법안의 핵심 사안인 '참여적 의사결정 방법' 이 역시 모든 갈등을 해결할 수는 없다. 위 방법으로 해소될 갈등은 현실적인 이익 갈등 정도에 불과하다. 이 법안의 은폐된 핵심은 갈등이 해결되지 않았을 경우 결국 정부의 권위적 조정을 명문화한다는 데에 있다. 이 때문에 이 법안은 시민사회의 지지를 받지 못하고 있으며, 심지어 정부 측에서도 논란되는 사안에 대해 결정의 부담만을 떠맡을 수 있다는 한계가 있다. 갈등 관리의 효과성만이 문제가 아니다. 더 큰 문제는 다양한 원인들 간의 복합

의 실질적 계기로 발전시키기 위한 창의적 노력이 수반되느냐에 있다. 한편 동유럽의 예를 통해 민주주의의 공고화 시기에는 과거의 동원적 시민사회를 대체하는 '제도적 시민사회' 가 민주주의의 절차와 규범을 내면화하여 법적인 테두리 내에서 새로운 국가와 시민사회의 관계를 제도화해야 한다는 전제를 제시한 연구(Weigle/Butterfield 1992)는 (1) 논지의 한 사례다.

결합의 양상을 띠고 있는 현재의 갈등 상황을 추상화시켜 단순화하고 있다는 데에 있다. 과거와는 상이한 복합적인 갈등 양상을 단순히 시민 참여의 확대라는 안이한 낙관에 기대 해결하려 한다면 이는 문제가 아닐 수 없다.

먼저 불만을 터뜨린 쪽은 시민운동 쪽이었다. 정부의 개혁 노선에 기대를 걸었던 시민운동단체는 탄핵 정국 이후 정국의 주도권을 완전히 틀어쥐고도 여전히 환경적 정의를 무시하고 있는 정부에 대해 비판적 태도로 돌아서기 시작했다. 급기야 2004년 11월 10일에는 110여 개 환경운동단체가 연대하여 '환경비상시국회의'를 결성하여 정부의 개발지상주의적 정책 고수에 맞서 전면 대응을 선언하기에 이르렀다. 소수의 기득권 세력만 물리치면 세상이 좋아질 것이라고 믿었던 국민들은 차츰 그 전개 과정에서 빚어지는 극도의 사회 분열을 우려하기 시작했다. 참여정부가 내세우는 서사의 기본 얼개는 '기득권 세력에 포위된 자신들을 힘없다고 괄시받던 국민들이 참여를 통해 구해 준다'는 것으로, 이는 철 지난 민중적 서사의 형식과 같다.

지금까지 살펴본 것을 요약하면 다음과 같다. 현재 시민운동단체와 참여정부는 참여민주주의에 대한 전망을 공유하고 있다. 그러나 실제 그것을 달성하려는 방식에 대해서는 양 집단 모두 과거 1980년대의 정치적 동원 방식과 갈등 종결 방식을 선호하고 있기 때문에,

전망과 현실 사이에 괴리가 발생하고 있다. 현 사회의 문제들은 과거 민중운동이 지배 세력과의 전면전을 수행하기 위해 사용한 선명한 선악 이분법의 전술로는 해결될 수 없다. 시민 참여의 경험과 내면화 없이 무매개적으로 현실 정치에 영향력을 미치려 할 경우 지배 엘리트와 저항 엘리트 사이의 권력 획득을 위한 각축에 소모될 수밖에 없다. 다양한 신념과 정체성을 가진 주체적 행위자들이 활발한 의사소통에 참여하고, 이러한 미시적 교섭을 통해 지역 중심으로 소통의 공동체를 확보해 나가는 것이 참여민주주의의 최소 기반이다. 이를 달성하기 위한 전략을 3장에서 살펴볼 것인데, 이는 드라이젝(Dryzek 2000, 2)이 명명한바 민주주의의 심의적 전환(deliberative turn)의 핵심 구성 요소이다.

IV. 심의적 전환과 의사소통적 참여의 전략

위에서 한국의 시민운동 및 참여정부의 노력들을 검토하면서 가장 아쉬운 부분으로 참여의 기반인 시민들의 의사소통능력 및 소통 공동체 형성에 대한 관심이 부족했음을 지적했다. 이 장에서는 민주주의를 심의적으로 전환시켜야 하는 현 단계의 과제를 달성시키기 위한 전략들을 검토한다. 우선 시민 참여를 확대시키기 위한 기존의 연구들 가운데 의사소통을 활성화시킬 수 있는 대안을 검토한다. 이어서 소통이 이루어지는 현재의 제도들 가운데에서 실질적으로 상호작용이 이루어질 수 있는 형식을 찾아볼 것이다. 이 두 작업의 결과 시민 참여 확대와 소통의 요구를 동시에 달성시킬 수 있는 전략으로서 교육 현장의 토론 문화 확산의 필요성을 제안하고 검토할 것이다.

1. 시민 참여 계기의 확대 전략

시민운동단체는 시민 참여를 활성화하기 위한 구체적인 방법을 개발하기 위해 노력해 왔다. 우리보다 앞서 시민운동을 발전시켜 온 미국의 사례는 무척 유용한 자료를 제공했는데(아이작 2002), 실제 상황에 적절하게 사용할 수 있는 활동 지침과 방법(곧 매뉴얼)을 개발 보급하였다. 그런데 우리의 문제는 시민 참여의 방법 이전에 참여의 계기 자체를 확대시키지 못하고 있다는 데에 있다. 참여 계기의 확대는 시민운동단체 참가나 회비 납부 등과는 차원이 다른 문제로서, 실제로 나날의 대화와 토론을 통해 안정적인 교섭을 유지할 수 있는 소통 공동체를 형성하는 과제와 잇닿아 있는 것이다(Barber 1984; 권용혁 2002).

우리나라 사회학자 가운데 이 문제의 중요성을 강조한 대표적인 연구자는 정수복이다. 그는 '새로운 사회운동' 이론을 최초로 소개했을 뿐만 아니라, 시민 참여의 계기를 실제로 확대시킬 수 있는 이론을 만들기 위해 고심해 왔다(정수복 1993; 1996; 2001). 그는 시민운동의 성급한 정치 세력화에 우려를 표하는 한편, 전문가 및 활동가 중심 운영체제를 비판해 왔다. 대신 그가 강조하는 것은 시민운동 내부에서 가장 고민하는 문제인 시민 참여 부재를 극복해야 한다는 것이다. 시민 참여를 활성화시키기 위한 계기는 다음의 세 부분에서 찾을 수 있다. 첫째, 잠재적 참여자를 능동적 시민운동가로 이끌어 내야 한다. 이를 위해서는 사회운동의 이념에 잠재 참여자의 의미세계를 연결시킬 수 있는 과정, 곧 '미시적 참여 맥락' 에 대해 관심을 가져야 한다. 운동에 대한 우호적 분위기의 형성, 충원 네트워크의 형성과 활성화, 참여 동기의 유발과 장애물 제거 등이 그 실천 방안으로 제기된다(정수복 2001). 둘째, 시민사회의 구성원들이 '공동체 지향으로의 가치 전환' 을 이루게 해야 한다. 지난 십여 년간의 생태론 및 평화인권에 기초한 사회운동에도 불구하고, '10억원 만들기' 등의 구호에서 보듯이 우리 사회의 개인주의적 물질 추구의 가치는 오히려 강화되고 있다. 물론 이 문제를 극복하기 위해서는 단순히 의식 개혁과 같은 관념적 요소의 동원만으로는 불가능하며, 기존의 지역/직능단체 및 봉사단체 참여자들의 뜻(선한 의지)과 경험(봉사체험)을 살려 그것을 통한 의미틀 공명과 정렬이 새롭게 일어나게끔 해야 한다(Snow Benford 1988). 셋째, 운동 조직 및 전문가 수준에서는 공동체 지향적 가치 전환이 일상의 습속으로 뿌리내리게끔 하는 '제도적 시민 참여' 의 형식을 갖추어야 한다. 중앙 정치 이슈 중심의 활동에서 벗어나 지역 정치에 잠재적 참여자들이 관심을 갖게끔 하는 노력들이 필요하다.[3] 실제로 중앙의 운동조직은 의제 선정과 정책 개발 그리고 정치적 동원의 능력은 높지만, 실제 시민 참여는 언제나 지역 단위의 작은 모임을 통해서만 활성화될 수 있다. 지역 단위에서의 참여와 자치 경험은 시민 스스로 '의미의 생산자' 임을 확인할 수 있게 한다. 이러한 작은 모임이 지역의 생활 정치에 능동적으로 참여할 수 있는 기회를 제도화시키고 또 이들이 지역의 정치 세력화를 이루게 될 때, 참여민주주의의 내용 또한 채워질 수 있게 될 것이다(Sirianni / Friedland 2001).

정수복의 문제의식을 한 단계 발전시켜, 이 승훈(2002)은 참여 관찰과 면담을 통해 실제 자발결사체 활동 참여자들이 시민으로서의 정체성을 형성해 나아가는 과정을 조사 분석하였다. 비록 사적 관심에서 출발했더라도 그들은 결사체의 프로그램에 참여하고 토론하는 과정을 거치면서 공공의 맥락을 인지하기 시작하였다. 그들이 겪게 되는 '시민 주체 형성 과정' 의 다섯 단계를 정리하면 다음과 같다: (1) 시민성 형성 이전 단계(시민이 권력의 객체로서 소외되어 있는 단계), (2) 체험을 통해 공공세계로부터 소외되었음을 인식하는 단

---

3 스카치폴은 미국의 시민운동이 광범한 사회 기반을 가진 회원제 결사체 운동 유형에서 이슈 중심의 권익주창형(advocacy) 운동으로 변화되었음을 실증적으로 밝혀냈다(Skocpol 1999). 스카치폴의 연구는 미국 본래의 풀뿌리 자치 조직이라는 사회 자본이 감소하고 있다는 퍼트남(Putnam 2000)의 분석과 비슷하지만 퍼트남이 지역 결사체의 복원을 꾀한 것과는 다른 대안을 제시한다. 스카치폴은 1960년대 정치적 기회 구조의 변동, 정부의 개입 등과 관련되어 번성한 회원 없는 권익주창형 단체들이 사회적 소수자 및 생태적 가치에 관련된 새로운 사회운동을 활성화시킨 부분에 대해서는 긍정적으로 보고 다만 그 과정에서 시민운동이 소수 활동가 중심의 방식으로 참여가 특권화된 부분을 비판하는 것이다. '의사소통적 참여' 론의 수준에서는 대화 없는 권익주창형 운동 방식보다는 심의적 대화를 일상화할 수 있는 자치 공동체 건설이 중시된다.

계, (3) 수동적 객체가 아닌 시민 주체로서 긍정적 시각에서 바라보는 단계, (4) 시민 주체로서 긍정적 측면을 더욱 발전시켜 시민 주체로서의 정체성을 형성하는 단계, (5) 정체성을 기초로 사회적 약자와 연대하여 공공성 증진을 위한 시민활동에 적극 참여하는 단계.

이상의 논의를 종합하자면, 시민 참여 확대는 결국 시민 자신의 삶과 밀접한 일상 맥락에서 스스로 공공의 문제에 대해 주체적인 판단 능력을 갖춘 주체가 될 수 있는가에 달려 있다. 이 주체는 과거 구조적 모순에 부딪혀 이미 정해진 정답을 향해 용기 있는 결단을 내리는 개인이 아니고, 정치집단 또는 정치세력화에만 치중하는 단체에 의해 강화된 이슈에 따라 감정적으로 동원되는 대중도 아니다. 새로운 시민 주체는 주위 사람들과의 대화와 토론을 통해 합리적 판단을 내리고, 그에 비추어 공동체 내부와 공동체 사이의 소통을 증진시킬 수 있는 주체이다.

2. 의사소통적 참여를 위한 전략

그 동안 사회학자들은 이상적인 의사소통 상황을 전제하고 그것의 실현을 가로막는 요인들을 검토하는 데 중점을 두었다. 주로 국가와 시장의 체계에서 작동되는 일방적인 권력에 의해 인간의 소통 능력이 훼손되어 왔다는 것이다. 그러나 체계의 권력을 완전히 해소시키기 위한 거대한 사회혁명을 기대할 수도 없고, 심지어 그것을 해소시킨다고 해서 자동적으로 소통이 활성화된다는 보장도 없다. 소통의 부재는 체계 권력과 무관한 일상의 삶의 영역에서도 관찰된다. 따라서 이제는 소통 자체를 독립 변수로 하는, 곧 소통 확대를 통해서 강제를 넘어설 뿐만 아니라 소통이 이루어질 수 있는 공동체 만들기에 초점이 맞추어져야 한다.

필자가 그 해답으로 제시하는 의사소통적 참여란 '나날의 삶의 현장에서 대화와 토론을 통해 공공의 문제에 대한 자신의 태도와 행위를 변화시켜 가는 것'으로 잠정 정의할 수 있다. 여기서 가장 중요한 형식인 '대화와 토론'은 의사소통의 당사자들이 특정한 정치적 의도나 이념에 의해 도출된 기계적인 결론에서 자유로울 수 있다는 것을 전제로 한 행위이다.[4] 개인은 특정한 정치적 신념을 미리 공표할 수 있지만, 대화와 토론 과정은 상대를 자신의 정치적 신념 확산을 위한 선전의 수단이 아니다. 개인은 솔직하게 현재의 상황에 내재한 사실 또는 가치의 문제를 드러내고 상대방의 판단을 위한 객관적 자료들을 제공하는 데 최선을 다하면 된다. 나아가 신념은 상대방과의 대화와 토론을 통해 변형 가능할 수 있다는 전제를 갖추어야 한다. 이러한 필자의 제안은 1990년대 이후 참여민주주의의 심화로서 각광받고 있는 심의민주주의의 원칙과도 일치한다. 서로

4 현장에서의 의사소통 없이 위로부터의 정치적 목적을 위해 특정한 행동에 참여했다면, 이는 의사-참여(擬似參與, pseudo-participation)로서, 실제로는 동원(mobilization)에 해당한다(김대환 1997, 17).

의 불완전성을 인정한 상태에서 대화와 토론을 통하여 최선의 대안을 창출해 나가는 심의민주주의로 전환은 자칫 동원의 수단으로 전락하기 쉬운 시민에게 참여 능력과 공동체성을 배양시킬 수 있는 기회 구조이다.

필자는 우리 사회에서 체계의 압력에서 자유로운 대화와 토론이 이루어지는 현장을 크게 세 영역으로 나눌 수 있다고 본다. 첫 영역은 TV의 시사토론 프로그램이다. 지난 몇 년간 공공의 관심사를 가지고 찬성과 반대로 나뉘어 진행되는 TV 토론 프로그램은 양적으로 증가하였고 그 형식도 다양해졌다. 화면으로 생중계되는 토론을 지켜보는 국민들이 자신이 미처 알지 못했던 중요한 정보에 접하면서 성찰하게 되고 동시에 그 과정에서 자신의 참여 욕구를 상승시킬 수 있었다. 하지만 TV 토론은 정치적 대결이나 선전의 장으로 흐를 위험성이 상존한다. 두 번째 영역은 최근 주목받고 있는 인터넷 토론장이다. 이른바 전자민주주의의 핵심은 시공간의 제약 및 신분의 제약에서 벗어나 누구나 관심 있는 영역의 토론에 자유롭게 참여할 수 있다는 데에 있다. 공론장의 특성인 개방성을 구현해 내는 데 성공한 이 혁신에 연구자들의 관심이 높아지는 것은 당연한 일이다. 그러나 아무리 세심하게 짜여진 토론방일지라도 논점 자체가 분산적이고 진행 자체가 산만하게 이루어질 수밖에 없어서 결국 인식의 공유를 이끌어내기는 어렵다(Ake 1997, 289). 인터넷이 참여의 계기를 확대하리라는 기대와 분석에는 전적으로 동의하지만(김경미

2004), 상대방과의 심의적 대화(토론) 없이 한 집단 사고와 감정의 표출로만 작동하는 우리 현실에 대한 반성적 연구가 거의 없다는 것은 아쉽다. 이상 살펴본 두 영역(TV와 인터넷)에서의 대화와 토론은 안정적으로 교섭할 수 있는 소규모 공동체를 형성하는 데는 한계가 있다는 약점이 있다.

세 번째 영역은 의사소통적 참여의 기초에 해당하는 면대면 접촉의 대화와 토론의 현장이다. 나날의 삶의 현장에 해당하는 이 영역은 지역사회와 학교, 작업장을 중심으로 각종 동호회, 학습 모임, 지역단위 사회단체 등을 들 수 있다. 이 영역에서는 1차적으로 비판적 사고와 합리적 논증을 사용하여 공적인 관심사에 대한 '심의적 대화(deliberative dialogue)'가 가능하다는 특성이 있고, 더 중요한 것은 그러한 대화 이후의 2차적 과정으로 공동체 조직화로 이어질 수 있다(McCoy Scully 2002). 이러한 내용은 실제 우리 사회의 운동사에서도 관찰된다. 1970년대의 기독교 사회운동과 1980년대의 초기 민중운동이 성공을 거둘 수 있었던 이유는 운동과 삶이 분리되지 않았던 당시 운동가들의 헌신 덕분이었다. 이들은 교회 또는 대학과 공장을 중심으로 먼저 문화운동을 통해 그들의 신뢰를 얻는 데 성공했고, 이어서 안정적으로 교섭할 수 있는 대화와 토론을 위한 학습 조직을 결성하는 방식을 채택했다. 이 과정에서 사회 모순에 대해 주체적으로 사유할 수 있게 된 구성원들은 자연스럽게 행동의 변화로 나아갔다. 물론 그 당시와 사회적 조건이 다른 현재의 시민운동에 그 때의 이론과 경험을 적용하기는 곤란하다. 중요한 것은 나날의 삶의 맥락에서 어떤 대화와 토론을 하게 되느냐에 따라 실제 행동의 변화 내용이 달라진다는 점을 놓쳐서는 안 된다는 점이다(Eliasoph 1998).

3. 교육 현장에서의 의사소통적 참여의 의미

기존의 시민운동단체 또는 자발결사체 중심의 시민 참여 확대 전략과 함께 반드시 병행되어야 할 것은 민주주의의 본래 취지에 맞는 '토론'과 '심의'의 문화를 사회 전 분야에 발전시켜야 한다는 점이다. 그러나 토론에 대한 정치권과 운동단체가 기울이는 관심이 실제 시민들에게 토론과 심의의 기회를 주어 민주적 시민으로 나아가게 하는 것으로는 이어지지 않는다. 대개의 시민들은 토론이 상대 의견에 대한 경청을 통해 진행된다는 것을 윤리 시간에 배워본 적은 있지만 실제 훈련받지는 못했다. 이런 상태에서 심의민주주의는 우리나라의 현실과는 무관한, 영원히 학자들만의 '이론적 기획'에 머물 수밖에 없다.[5] 따라서 참여의 방법으로서 토론과 심의를 활성화시키기 위해서는 그것들에 대한 일반 시민의 능력을 증가시키는 것이 선행되어야 한다.

참여민주주의를 지지하는 이론가들은 시민 참여 과정 자체가 곧 시

---

5 물론 외국의 사례는 심의민주주의가 이론적 프로젝트에서 '작동중인 이론'으로 발전되었다는 것을 확인하게 한다(Chambers 2003).

민성 함양 교육이면서 공동체 형성의 계기임을 힘주어 강조해 왔다 (Rimmerman 1997). 이런 구성주의적 관점에서 볼 때 시민들의 합리적인 소통 능력은 참여의 결과로서 획득되는 것이지 미리 강요되어서는 안 된다. 실제로 정치 과정에 참여하는 시민들은 자신의 신념을 갖고 있지만 참여 과정에서 공동체의 상황과 반대자의 의견을 이해하게 되면서 신념의 변화를 가져오는 것을 어렵지 않게 관찰할 수 있다(Barber 1984, 127~130). 그렇다고 해서 공교육 현장의 의사소통 교육이라는 엄청난 자원을 무시할 수는 없다. 자유민주주의에 기초한 학교의 시민교육의 불완전성에 대한 지적은 충분히 인정될 수 있지만, 시민성 자체가 오직 사회 참여의 결과라는 목적론적 도식은 불편하다. 학교의 정규 수업 과정에서 이루어지는 수많은 토론 및 집단 심의의 활동, 그것을 준비하기 위해 자료를 조사하고 해석하면서 나누는 대화, 이러한 노력들은 학생들을 수동적인 지시 수행의 존재가 아닌 능동적 탐구자로서 가정하는 것이다. 의견이 다른 상대와 대화하고 토론하면서 처음에는 실수를 하겠지만, 시행착오를 거치면서 점차 합리적인 소통의 능력을 쌓아가는 것이다. 이러한 관점을 지지하게 될 때 비로소 학교 교육이라는 열린 기회를 참여민주주의를 위한 배움의 장으로 '전유' 할 수 있는 기회가 열리게 된다.

현대 사회의 새로운 갈등 상황을 해결하기 위한 기반으로서 사회 일반의 토론 능력은 필수적이다. 토론 능력이란 단순히 상대방을 공박하기 위한 말하기 능력이 아니다. 토론식 교육에서 대화와 토론 능력은 소통 능력은 물론 비판적 사고력과 창조적 문제 해결 능력을 포함한다(박승억 등 2005). 심의민주주의에서 차이는 극복 대상이 아니라 상호 이해를 위한 출발점이다(Young 1996, 126). 기초 단계에서는 토론의 규칙과 방법에 대해 숙지할 수 있게 하며, 실제 수업 내용에서는 주어진 논제에 대해 찬반 입장으로 나뉘어 모둠별로 스스로 문제점과 해결 방안을 탐구하게 할 수 있다. 이런 수업 방법에 익숙해진 학생들은 자신의 일상의 삶에서도 각자의 주장을 숨김없이 제시하고 상대방 주장에 대해 경청하며 서로의 장단점을 따져보는 토론의 문화를 내면화시킬 것이고, 이런 과정 후에 이루어지는 심의를 통한 해결책의 모색 과정에서 민주적 의사결정 방법을 습속화시킬 수 있는 조건을 갖춰나갈 것이다. 이처럼 심의적 전환의 핵심 방법인 토론은 이처럼 상대방을 인정하는 데서 시작하고, 사회의 동등한 구성원들이 서로 주장하는 내용의 문제점을 논증적인 대화 과정에서 스스로 깨닫게끔 하는 것으로 끝을 맺는다. 공공선 존재의 인정, 차이의 인정, 공통 인식의 최대화 등의 조건을 충족시킬 때 토론은 창의적 대안 형성이라는 부수적 효과까지 얻을 수 있다.

문제는 몇몇 토론 참가자들만의 능력만으로는 사회 갈등이 해결되지 않는다는 데 있다. 내가 토론을 하려 해도 상대방이 토론장에 들어서기를 거부할 것이라는 확신이 선다면, 나 역시 토론장을 뛰쳐나가서 이익을 추구할 것이다. 최근 들어 개발 및 환경 이슈를 둘러싸고 갈등이 증폭되고, 심지어 지역 공공기관에 대한 점거 등의 시도가 잇따르는 상황은 그만큼 한국 사회의 토론 능력이 얼마나 낮은가를 잘 보여준다. 갈등 당사자들은 대화와 타협 대신 극단적인 행동을 통해서 얻는 이익이 더욱 크다는 것을 경험을 통해 배워왔다. 따라서 처음부터 대화와 토론은 생략하고 바로 극단적인 행동에 들어가기를 선호하게 된다. 이런 미시적 경험이 되풀이되면서 '토론 문화 부재' 라는 상황을 만들었다. 이런 문화 자체를 바꾸어 사회 구성원 대다수가 토론을 통해서만 문제를 해결할 수 있다는 믿음이 확산될 때 사회 일반의 토론 능력은 비로소 신장될 수 있다.

학교 교육의 현장에서 볼 때, 사회 일반의 토론 능력은 장기적으로 현재 청소년들의 대화와 토론 능력을 배양시키는 데에서 찾아야 한다. 교육은 '무엇을 위한 수단' 이 될 수 없다. 그러나 우리 사회에서 학교 교육은 미래의 시민사회의 구성원이 될 이들에게 시민적 자질을 훈련시킬 (사실상) 유일한 대안이다. 지금 13~18세의 청소년들이 2020년에 이르면 28~33세의 나이가 되어, 한국 사회 전반에서 새로운 주역으로 활동하게 된다. 산업화 세대와 민주화 투쟁 세대는 독백적 사유 방식을 공유하고 있다는 점에서 문화적 특성에는 차이가 없다. 이들을 대체할 후속 세대로서 현재의 청소년들이 대화와 비판, 창조적 문제 해결, 화해와 타협의 토론 능력을 키워나간다면, 사회 전체의 문화적 습속의 변화를 쉽게 달성할 수 있다. 따라서 토론 능력 배양은 이들 청소년 세대에 집중해야만 한다. 이들에게서 구현될 소규모 토론 공동체들은 의사소통의 리더를 형성시킬 것이고, 사회 일반의 토론 능력을 향상시킬 것이다. 그 과정을 지켜보는 그들의 후배세대 또한 자연스럽게 그러한 토론문화를 자연스럽게 받아들이게 될 것이다. 이를 위해 중등 및 대학의 학교 교육에서는 공통적으로 논리적 훈련과 함께 토론이 가지는 상호존중의 의의를 지속적으로 강조해야 한다(한상철 2004). 여러 현장 교사들의 노력에 의해 토론식 수업의 성공 사례가 늘어나고 있다는 점은 긍정적인 징후이다(숙명여대 의사소통능력개발센터 2005).

그런데 현재 대부분의 교육 현장에서는 아쉽게도 우리 사회의 토론문화의 문제점들이 그대로 재생산되고 있다. 상호 간의 논리적 비판과 설득보다는 상대를 공격하여 굴복시키는 것을 토론으로 이해하는 경향이 크다. 더 큰 문제는 교사 스스로 토론의 윤리에 대한 심각한 고민 없이 준비한 자료 또는 특정한 이념의 시각에서 한 차례 굴절된 외부 자료를 토론 교육에 사용하여 결론을 유도하려는 유혹에 굴복한다는 것이다. 가령 신문기사를 자료로 학습지를 만들 때 하나의 신문 기사만을 '사실'로 제시하는 경향이 있는데 이는 잘못이다. 현안에 대해 대립하고 있는 찬반 입장을 모두 객관적인 시각에서 제시해야 한다(조성민 등 2005). 또한 전국교직원노동조합에서 가끔 시도하는 토론 학습의 경우도 특정한 결론에 유리한 자료가 제시되고 수업 분위기 또한 한 방향으로 이끌어 가는데 이 역시 잘못이다. 목적이 옳다고 해서 비합리적 수단이 정당화될 수는 없는 것이 의사소통적 참여의 기본 조건이다.

다른 문제점은 토론의 의미와 과정을 훈련 받지 못한 교사 자신에게서 생성된다. 현장 교사는 대부분 교수법으로서 토론식 수업에 익숙하지 못하다. 필자가 만난 현장 교사들은 그 이유로 논리 훈련을 체계적으로 배울 기회가 제공되지 못했다는 점, 토론의 방법을 배웠다 하더라도 실제 입시 위주의 공교육 현장에서 그것을 활용할 여지가 없다는 점, 토론에 대해 교육부가 강조하더라도 일선 교육 책임자들은 토론을 통한 민주적 문화 형성을 달가워하지 않는다는 점 등을 제시하였다. 공교육에서 토론식 수업을 통한 민주주의 교육이 이루어지기 위해서는 현장 교사들의 토론 능력 향상이 뒷받침되어야 한다. 이를 위한 과감한 교육 투자와 제도 개선이 병행되기 위해서는 이 문제가 단순히 교육 문제가 아닌 우리 사회의 총체적 개선을 위한 과제라는 점이 인식되어야 한다.

위 문제점을 해결하는 과정에서 중등 교육 과정의 토론식 수업 학생들이 공공의 문제에 대해 관심을 높일 수 있는 계기를 제공할 수 있다. 수업의 주제가 자신과 동떨어진 것이 아니라는 점을 환기시키기 때문이다. 앞서 이승훈의 논의(2002)와 연결시킨다면, 이렇게 공공성의 의식을 갖춘 학생 개개인이 자신의 관심 분야 공동체 프로그램으로 연결시키는 것이 의사소통적 참여의 전망을 구성한다.

IV. 결론: 의사소통적 참여의 전망

왜 우리는 운동에 우호적이면서도 실제 참여하지 않는가? 이 단순한 질문에 대한 가장 현실적인 대답은 '시간이 없다'는 것으로, 한국 사회에서는 꽤 합리적인 이유다. 그러나 우리는 아무리 바빠도 스스로 의미 있다고 생각하는 일은 한다. 그의 행위는 곧 의미의 생산이다. 의미는 관계를 전제한다. 아쉽게도 우리는 심층 수준에서 여전히 가족이라는 좁은 울타리에서 의미를 추구한다. 우리 사회의 가족주의 습속은 내 가족 바깥의 삶에 관심을 갖는 것을 방해한다. 이는 우리 선조들이 중시했던 맹자의 가르침과도 배치된다. 나의 인륜적 관심은 가족 차원을 넘어 이웃과 지역 사회로 확충되어야 한다. 그러나 우리는 근대화 과정에서 유교적 공동체주의의 긍정적 측면이 배제되고 오로지 가족 단위의 적응적 생존 전략으로서의 가족주의만이 선택되었다(박영신 1986). 이 때문에 가족과 국가 사이에서 시민의 자율성을 보장할 수 있는 시민사회의 성장이 저해되었다. 따라서 한국 사회를 근본적으로 재구성하기 위해서는 단순히 경제적, 정치적 문제들을 해결하는 데에 그쳐서는 안 되고, 대신 개인들이 가족의 좁은 울타리를 벗어나 공공의 문제에 관심을 가지게끔 하는 것이 중요하다(송재룡 2002). 곧 문화적 습속 차원의 변형이 일어나야 한다는 것이다.

앞서 기독교 사회운동과 민중운동의 성공 사례에서 보았듯이, 모든 성공한 운동은 참여 대중들이 스스로 의미를 부여할 수 있는 대화와 토론의 기회를 적극적으로 부여하였다. 그러나 이러한 성공은 오래 지속되지 않는다. 본래 운동의 취지가 잊혀지면서 소통의 장치가 형식으로만 남게 되는 실정성(Positivität)의 계기가 작동되는 것이다. 이는 운동 영역에서만 유별나게 관찰되는 현상이 아니다. 가령 의회는 공공의 의사소통에서 가장 중요한 제도로서, 거기서 이루어지는 토론을 통해 시민 교육의 계기로 삼으려는 것이 헤겔 사회철학의 중요한 성취였다(헤겔 1989). 그러나 현재 의회에서 이루어지는 것은 합리적인 토론이 아니라 권력 투쟁이다. TV 토론을 통해 시민 교육의 계기를 확보하려는 노력도 있지만, TV 토론이 제도화되면서 남는 것은 매스미디어를 통한 상징 정치뿐이다.

이 연구는 근본적 사회 변형의 계기를 어떤 기술적 혁신이나 신념에서 찾지 않았다. 대신 필자는 시민들의 미시적 교섭 과정 속에서 끊임없이 새롭게 형성되는 의미에 주목하였다. 편견 없이 공공의 문제에 대해 대화와 토론을 나누며 의미틀을 형성하고, 그러한 의미틀을 기반으로 형성된 소통 공동체의 안정적인 작동을 통해 실제적인 행동의 변화를 추구할 수 있다는 것이 의사소통적 참여론의 개요다. 물론 이 논의에서 제시된 실천 방안들은 장기적인 시민 교육에 관한 것으로 당장 시민 참여를 획기적으로 증진시키는 대안과는 거리가 멀다. 하지만 기존의 시민 참여 방식이 일회적, 일시적, 일방향적인 것에 머물러 있었다는 점과 비교할 때, 의사소통적 참여론은 진정한 의미의 참여란 무엇인지 그 원리를 되묻는 기회를 제공하였다. 새로운 시대의 시민 참여는 한방향적이 아닌 쌍방향적 의사소통에 기반을 두어야 한다. 대화와 토론은 그것을 달성하는 가장 원칙적인 해답인데도 우리 사회와 우리 교육 현장은 이것을 간과해 왔다. 교육 현장의 변화를 통해 형성된 대화와 토론의 문화를 통해 궁극적으로 사회 전체를 공론장으로 확대해 나가는 것이야말로 의사소통적 참여론의 전망이다.

참고문헌

권용혁. 2002. "공동체주의와 의사소통 공동체 이론". 김수중 들. 『공동체란 무엇인가』. 서울: 이학사, 225~272쪽.

김대환. 1997. "참여의 철학과 참여민주주의". 참여사회연구소 엮음. 『참여민주주의와 한국사회』. 서울: 창작과비평사, 15~48쪽.

김덕호 김연진 엮음. 2001. 『현대 미국의 사회운동』. 서울: 비봉출판사

김민영. 2004. "한국정치를 뒤흔든 100일". 차병직 들. 『참여연대 권력감시운동 10년 - 짜고 치나 봅시다』. 서울: 시금치.

뚜렌, 알랭. 1993. "노동운동의 제도화와 새로운 사회운동의 전개". 정수복 엮음. 『새로운 사회운동과 참여민주주의』. 서울: 문학과지성사.

박승억 들. 2005. 『토론과 논증』. 서울: 형설출판사.

박영신. 1986. 『역사와 사회변동』. 서울: 민영사.

박영신. 1999. "우리의 '현실자본주의'와 민주주의의 허울". 『사회이론』 17권, 5~31쪽.

달, 로버트. 1989. 『민주주의와 그 비판자들』. 조기제 옮김. 서울: 문학과지성사. [원제 : Robert Dahl, *Deomocracy and Its Critics* (New

Haven: Yale University Press, 1989)].

마넹, 버나드. 2004. 『선거는 민주적인가』. 곽준혁 옮김. 서울: 후마니타스. [원제 : Bernard Manin, *The Principles of Representative Government* (Cambridge: Cambridge University Press, 1997)].

송재룡. 2002. "가족주의와 한국 사회의 '삶의 유형'". 『현상과인식』 26권 1/2호, 9~30쪽.

숙명여자대학교 의사소통능력개발센터. 2005. 『중등교사 토론식 수업의 운영 원리와 방법』. (2005년 여름 서울특별시교육청 지정 특수분야 직무연수 자료집).

아렌트, 한나. 1996. 『인간의 조건』. 이진우 태정호 옮김. 서울: 한길사. [원제 : Hannah Arendt, *The Human Condition*(Illinois: University of Chicago Press, 1958)].

아이작, 캐서린. 2002. 『우리는 참여와 행동을 통해 민주주의로 간다』. 조희연 옮김. 서울: 아르케. [원제 : Katherine Issac, *Civics For Democracy*(Washington D.C.: Essential Books, 1992)].

이승훈. 2002. "한국 사회의 '시민됨' 형성 과정 - 자발결사체 참여 경험을 중심으로". 연세대학교 사회학과 박사학위논문.

이황직. 2004. "한국 사회운동 참여자의 문화적 습속". 『현상과인식』 28권 4호, 85~111쪽.

정수복 엮고 옮김. 1993. 『새로운 사회운동과 참여민주주의』. 서울: 문학과지성사.

정수복. 1996. 『참여민주주의를 위한 시민단체의 역할과 정책 과제』. 서울: 박영률출판사.

——. 2001. 『시민의식과 시민참여』. 서울: 아르케.

조성민 들. 2005. 『탐구공동체 수업사례집 제1집』(한국교원대학교 교육대학원 『청출어람』 2005년 여름호 별책부록).

조현연 조희연. 2001. "민주주의 이행 시대의 시민사회와 운동정치". 조희연 엮음. 『한국 민주주의와 사회운동의 동학』. 서울: 나눔의집, 357~395쪽.

참여사회연구소 엮음. 1997. 『참여민주주의와 한국사회』. 서울: 창작과비평사.

최장집. 2002. 『민주화 이후의 민주주의』. 서울 : 후마니타스.

한상철. 2004. "비판적 사고와 토론: 아카데미식 토론을 중심으로". 『철학사상』 4권(별책, 2004), 197~370쪽.

헤겔, G. W. F. 1989. 임석진 옮김. 『법철학』. 서울: 지식산업사. [원제 : G. W. F. Hegel, *Grundlinien der Philosophie des Rechts*(Berlin, 1821)].

Ake, Claude. 1997. " Dangerous Liaisons: The Interface of Globalization and Democracy." *Axel Hadenius, ed. Democracy' s Victory and Crisis*. Cambridge: Cambridge University Press, pp. 282~296.

Barber, Benjamin. 1984. *Strong Democracy: Participatory Politics For A New Age*. Berkeley: University of California Press.

Bernard, Jessi. 1957. "Parties and Issues in Conflict", *Journal of Conflict Resolution* Vol. 1, pp. 111~121.

Chambers, Simone. 2003. "Deliberative Democratic Theory." *Annual Review of Political Science*, Vol. 6, pp. 307~326.

Coser, Lewis A. 1956. *The Functions Of Social Conflict*. Glencoe: Free Press.

Dallmayr, Fred R. 1993. *G. W. F. Hegel: Modernity and Politics*. Newbury Park: Sage Publications.

Dryzek, John S. 2000. *Deliberative Democracy and Beyond: Liberals, Critics, and Contestations*. Oxford: Oxford University Press.

——. 2005. "Deliberative democracy in divided societies: Alternatives to Agonism and Analgesia", *Political Theory*, vol. 33, no. 2, pp. 218~242.

Eliasoph, Nina. 1998. *Avoiding Politics: How Americans Produce*

Apathy in Everyday Life. Cambridge: Cambridge University Press.

Fischer, Frank. 2004. "Professional Expertise in a Deliberative Democracy: Facilitating Participatory Inquiry", *The Good Society*, Vol. 13, no. 1, pp. 21~27.

McCoy, Martha L. & Patrick L. Scully. 2002. "Deliberative Dialogue to Expand Civic Engagement: What Kind of Talk Does Democracy Need". *National Civic Review*, Vol. 91, no. 2, pp. 117~135.

Michels, Robert. 1962. *Political Parties*. New York: Free Press.

Pateman, Carol. 1970. *Participation and Democratic Theory*. Cambridge: Cambridge University Press.

Putnam, Robert. *Bowling Alone: The Collapse and Revival of American Community*. New York: Simon & Schuster.

Rimmerman, Craig A. 1997. *The New Citizenship: Unconventional Politics, Activism, and Service*. Colorado: Westview Press.

Sirianni, Carmen & Lewis A. Friedland. 2001. *Civic Innovation In America*. Berkeley: University of California Press.

Skocpol, Theda. 1999. "Advocates without Members: The Recent Transformation of American Civic Life." Theda Skocpol & Morris P. Fiorina, eds. *Civic Engagement in American Democracy*. Washington D.C.: Brookings Institutions Press, pp. 461~508.

Snow, David & Robert Benford. 1988. "Ideology, Frame Resonance, and Participant Mobilization." Bert Klandermans, et al., ed. *International Social Movement Research: From Structure to Action*. Greenwich: JAI Press, pp. 197~217.

Touraine, Alain. 1992. "Beyond Social Movements." Mike Featherstone, ed. *Cultural Theory And Cultural Change*. London: Sage Publications, pp. 125~145.

Vancil, David L. 1993. *Rhetoric And Argumentation*. Boston: Allyn and Bacon.

Weigle, Marcia A. & Jim Butterfield. 1992. "Civil Society in Reforming Communist Regimes: The Logic of Emergence." *Comparative Politics*, vol. 25, no. 1, pp. 1~24.

Young, Iris Marion. 1996. "Communication and the Other." Seyla Benhabib, ed. *Democracy and Difference: Contesting the Boundaries of the Political.* Princeton: Princeton University Press, pp. 120~136.

——. 2000. *Inclusion and Democracy*. Oxford: Oxford University Press.

Part 4

한국 정당민주화의 정치적 효과: 포괄성(inclusiveness) 확대와 정당 반응성(party responsiveness)

조성대(한신대학교 국제관계학부)

한국 정당민주화의 정치적 효과: 포괄성(inclusiveness) 확대와 정당 반응성(party responsiveness)

I. 서론

일반적으로 정당은 국가와 시민사회의 연계(linkage)역할을 담당한다. 대의제 아래 정당은 구체적으로 후보자와 선거과정을 통해 시민과 정부를 연결하고, 의회내 정책의 투입과 산출과정을 매개하며, 이와 동시에 정책의 입안과 결정, 그리고 집행과정에 대중의 참여를 보장할 수 있는 합법적인 기관/제도이다. 참여민주주의의 심화 · 확대라는 측면에서 정당제도에 주목해야 하는 이유는 바로 여기에 있다.

따라서 후보자의 선출과 정책프로그램 결정에 있어 정당이 얼마나 국가와 시민사회의 연계역할을 잘 수행하는가는 민주주의체제의 성격과 기능에 중요한 영향을 미친다고 할 수 있다. 특히 정당이 시민참여적 기능을 제공하는가 여부는 단지 정당 민주화의 측면뿐만 아니라 민주적 정체(polity)를 성격규정하고 이해하는 데 있어 중요한 변수로 작용한다. 이러한 정당의 시민참여적 기능은 일반적으로 후보자 선출과정과 정당의 프로그램이나 정책에 일반 당원이 얼마나 많은 영향력을 행사하는가의 여부로 귀결된다.

시민참여적 기능을 둘러싼 정당 민주화와 관련된 연구주제는 첫째, 공직후보나 정당지도자 선출의 민주화가 정당의 역할에 대해 무엇을 의미하는가? 둘째, 선출과정이 국가별, 정당별로 어떤 차이가 있는가, 그리고 그것이 정당의 경쟁력과 대표성, 그리고 당내갈등과 입법행태에 어떤 영향을 미치는가? 셋째, 서로 다른 유형의 선출자(selectorate)가 다른 유형의 후보나 지도자를 선출하는가? 그리고 넷째, 선출과정의 민주화가 과연 유권자의 권한(voice)을 강화하는가, 아니면 당중앙(party leadership)의 권한을 강화하는가 등으로 나누어 볼 수 있다(Pennings and Hazan 2001).

민주화 이후 한국정당정치와 관련한 기존연구는 우선 정당의 구조변화라는 측면에서 보수 엘리트의 독과점체제의 연장선상으로서의 지역정당체제의 강화라는 주장(최장집 2002)과 권위주의시대의 계승정당들이 민주화 이후에도 제도적 장치들의 독과점 - 예를 들어 국고보조금과 공영방송 선거캠페인의 독과점과 높은 신규진입장벽을 지닌 선거제도와 선거법-을 통해 정당정치를 "계승형 카르텔체제"로 유지했다는 주장(장훈 2003) 등으로 제시되었다. 그러나 이러한 연구들은 구조주의와 제도주의의 시각에서 권위주의체제로부터 민주화, 그리고 민주주의 제도화의 이행과정에서 나타난 한국정당들의 구조변화를 의미 있게 분석했다는 장점에도 불구하고 그 분석이 국가-시민사회의 망(network) 내에서의 정당구조변화라는 정당간 관계(inter-party relationship) 분석에 거치고 있을 뿐, 최근 공직후보자와 정당지도자 선출과정의 민주화가 수반한 정당구조의 변화를 살펴보는 정당 내 관계(intra-party relationship) 분석은 결여하고 있다.

두 번째 기존연구는 16대 대통령선거 이후 국민참여경선제 도입을 포함한 후보자 선출과정의 민주화가 가져온 정치적 효과에 관한 연구로 대체로 공천과정에 대한 제도적 기술과 후보자 혹은 당선자들의 사회경제적 배경에 관한 분석(김영태 2004; 이헌출 2004), 그리고 후보경선제의 본선경쟁력과의 관계(모종린 · 전용주 2004; 전용주 2004)로 제시되었다. 이러한 연구는 정당 내(intra-party) 접근법을 사용했다는 의미에도 불구하고 제도에 대한 기술 자체에 더물거나 선거경쟁력에 대한 효과분석에 집중하고 있을 뿐, 정당의 포괄성(inclusiveness) 증대와 관련된 여러 정치적 문제들-예를 들어, 의회 내 정당응집력(party cohesiveness), 중앙당(party leadership)의 권한, 기간당원들의 활동성(activism), 외부인(outsider)의 유입, 당내 파벌갈등 등-에 대한 분석으로 나아가지 못하고 있는 실정이다.

이 글은 기존연구가 주목하지 못한 정당의 포괄성 증대의 정치적 효과를 정치적 외부인의 유입, 당내 파벌 경쟁의 격화, 그리고 정당 활동가의 영향력 감소라는 정당반응성의 관점에서 고찰하고자 한다. 구체적으로 16대 대선을 기점으로 각 정당이 도입한 국민참여 경선제도의 정치적 효과가 주요한 분석대상이 될 것이다.

글의 순서는 다음과 같다. II장에서는 카르텔 정당의 민주화와 포괄성 확대의 유형을 이론적 관점에서 살펴볼 것이다. III장에서는 정당의 포괄성 확대가 가져올 수 있는 정치적 효과에 대한 이론을 정당응집력과 정당반응성의 측면에서 제시한다. IV장에서는 민주화 이후 한국 정당들의 폐쇄적 구조와 포괄성 확대 개혁을 분석한다. V장에서는 한국 정당들의 포괄성 확대 개혁의 효과를 정당반응성의 관점에서 정치적 외부자의 유입과 당내파벌 갈등의 심화, 그리고 정당활동가들의 영향력 감소등을 통해 살펴본다. 마지막으로 VI장에서는 분석결과의 요약정리와 한국정치에의 함의를 소개한다.

II. 정당 민주화와 포괄성 확대의 유형

일반적으로 정당은 국가권력을 목표로 선거에 후보를 참여시켜 공직을 두고 경쟁하는 집단으로 정의된다(Sartori 1976, 64). 따라서 후보선출과정은 정당이 어떤 유형이든 간에-예를 들어, 간부정당

혹은 대중정당(Duverger 1954), 인중정당(catch-all party, Kirchheimer 1966), 선거전문가형 정당(Panebianco 1988), 카르텔 정당(Katz and Mair 1995)-그 당의 성격뿐만 아니라 민주주의 정체의 기능에 중요한 영향을 미친다. 특히 국가와 시민사회의 연계기능을 담당한다는 측면에서 정당이 후보자 선출, 정당 프로그램 혹은 정책 결정 등에 시민들의 참여기능을 어떻게 수행하는가 여부는 당내 민주화 정도뿐만 아니라 그 사회의 민주주의 성숙도를 가늠하는 지표로 활용되기도 한다(Bille 2001).

당내 민주화와 관련하여 정당이 후보자 선출권리를 당원에 확대하는 것은 최소한 기층 당원들의 권한을 강화하는 결과를 가져온다. 특히 소수의 당원, 소규모 핵심적 지지자들, 직업 정치인에 의한 지배, 국가 보조금에 대한 의존심화, 그리고 사회적 기반의 부족 등을 특징으로 하는 카르텔 정당의 사회적 기반 부족은 이러한 발전에 핵심적인 원인을 제공한다(Hopkin 2001). 즉 정책결정과정에서 일반 개인당원들의 역할을 확대함에 의해 카르텔 정당은 엘리트주의와 시민사회로부터 이반이라는 주된 비난으로부터 자신을 보호할 수 있을 뿐만 아니라 당의 대중적 이미지를 개선하여 안정적인 선거지지와 비당원의 정당에 대한 투표선택 고무, 그리고 인적 · 재정적 자원을 충당하는 이점을 누릴 수 있다.

정당의 공직후보자나 지도부 선출과정의 민주화는 크게 포괄성

(inclusiveness)과 분권화(decentralization)의 정도가 기준이 되는데, 후보지명 주체인 선출자가 당원 및 일반 유권자로 개방될수록 그리고 선출단위가 지역단위인 시 · 도지부, 지구당으로 분산될수록 당내 민주주의가 성숙되었다고 본다. 포괄성의 문제를 중심으로 살펴보면, 라하트와 하잔(Rahat and Hazan 2001)은 후보자 선출과정이 당수, 비선출직 당기구, 선출직 당기구, 당원, 그리고 일반유권자 순으로 개방될수록 민주화가 더 진척된 것으로 보았다. 아울러 르덕(LeDuc 2001)은 공직후보선출과는 별도로 정당지도부 선출과정에서 포괄성의 정도와 정당민주화의 관계를 고찰하고 있는데, 의회코커스-선거인단-전당대회-지역코커스-폐쇄형 예비선거-개방형 예비선거 순으로 선출자의 포괄성이 증대될수록 정당 민주화가 많이 진행된 것으로 평가했다. 다시 말해 당수-비선출직 당기구 혹은 의회코커스 등의 지명주체의 경우 소수 엘리트집단 내에서 충원이 이루어지는 데 반해 유권자 혹은 예비선거 유형의 경우 후보나 지도부 선출에 있어 일반당원이나 유권자들의 참여기회를 증진시키고 정당 엘리트들의 권한을 축소시키는 효과가 있다는 것이다. 빌레(2001)는 라하트와 하잔과는 달리 지구당과 중앙당의 관계를 중심으로 공직후보 선출권과 정당민주화와의 관계를 유형화하고 있는데, 1)중앙당(national party)의 완전 통제, 2)지구당(sub-national party)의 제안과 중앙당의 최종결정, 3)중앙당의 리스트제공과 지구당의 최종결정, 4)지구당 결정과 중앙당 승인, 5)지구당의 원전 통제, 6)당원 투표 등 여섯 가지 유형으로 구분되며 마지막 유형으

로 나아갈수록, 즉 지구당에 더 많은 권한이 부여될수록 민주화가 더 진척된 것으로 보았다.

아래 [그림 1]는 라하트와 하잔의 선출자의 포괄성을 중심으로 정당의 개방성 정도를 도식화한 것이다. 후보선출이 몇몇 사람의 정당지도자, 지도부의 위임에 의한 비선출직 당기구, 선출직 당기구, 당원, 그리고 일반 유권자에 이르는 순으로 정당이 개방적 구조를 지니고 있음을 보여주고 있다. 예를 들어 특정 정당에 등록된 정당원뿐만 아니라 무당파 혹은 다른 정당과의 일체감을 표명한 유권자들에게도 공직후보 공천을 위한 선거에 참여를 허용하는 미국의 개방형 예비선거(open primary)는 가장 좌측 스펙트럼 상에 위치해 가장 개방의 정도가 높은 경우이다(Sorauf and Beck 1988). 미국의 예비선거 도입은 1890년대 지역과 주별로 정당머신(party machine)에 의한 독점적인 정당구조 아래 만연했던 정치부패를 척결하고자 일어났던 정당개혁운동에 유래를 두고 있다. 1910년대 최초로 도입된 예비선거제도는 1968년에서 1972년 민주당의 맥거번-

[그림 1] 정당의 후보선출단위와 정당의 개방성과의 관계

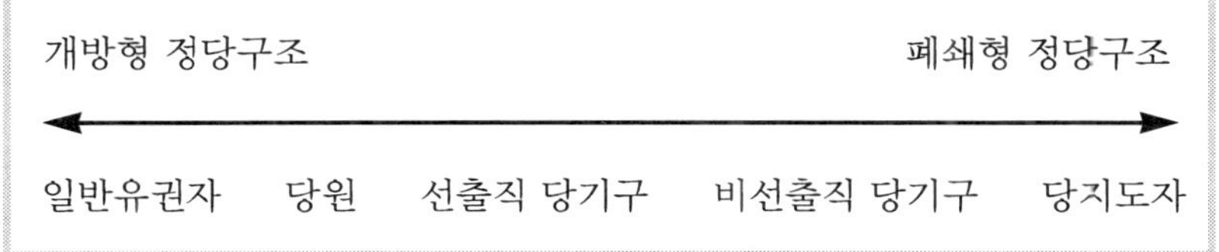

출처: Rahat and Hazan(2001), 211.

프레저 위원회(McGovern-Fraser Commission)에서 대통령후보 선출과정에 평당원들의 목소리를 투표권리로 보장함으로써 미국사회에서 일반화된 공직후보 선출제도로 자리 잡게되었다(Crotty and Jackson III 1985).[1]

다음으로 당원에 의해 공직후보가 선출되는 경우로 이는 크게 두 종류로 나누어진다. 첫 번째 사례는 미국의 폐쇄형 예비선거(closed primary)의 경우처럼 6개월 전 혹은 가까이는 예비선거 투표소에서 정당일체감을 선언한 유권자에 투표참여를 허용하는 유형과 대부분 유럽에서 발견되는 것으로 정당일체감 선언과는 별도의 조건, 예를 들면 기간요건이나 당비납부 등의 의무를 부과하는 유형이 그것이다. 당원에 의해 공직후보나 당지도부가 선출되는 경우 지구당과 중앙당의 권한 조정이 문제가 되는 경우가 많이 발생하는데, 최근으로 올수록 중앙당의 권한이 약해지고 지구당에 전권을 부과하거나 OMOV(One Member One Vote, 일인일표제)를 채택하는 경향이 늘고 있다. 빌레(Bille 2001)에 의하면, 1960년대엔 분석 대상인 유럽 11개 국가[2] 중 오직 오스트리아, 벨기에, 아일랜드, 그리고 영국을 제외한 모든 국가들이 지구당에 후보선출의 통제권을 부여하고 있었으며, 1990년대 초에는 오직 아일랜드와 이탈리아만이 예

1 참고로 2000년 대선 당시 44개주에서 예비선거를 진행했으며, 약 80% 이상의 대의원을 선출했다.

2 분석대상이 된 국가들은 오스트리아, 벨기에, 덴마크, 핀란드, 독일, 아일랜드, 이탈리아, 네덜란드, 노르웨이, 스웨덴, 영국이었다.

외적일 뿐, 거의 모든 국가들이 지구당에 전권을 부여하거나 혹은 중앙당의 승인을 전제조건으로 지구당에 결정권을 부여하는 정당 민주화를 단행한 것으로 나타났다. 아울러 OMOV를 채택한 나라들도 1960년경의 1/5 이하에서 1990년경 1/4로 선출자의 포괄성 또한 확대한 것으로 나타났다(Bille 2001, 366~369 참조). 아울러 다양한 당원요건의 부과는 공직후보 선출과정으로의 선출자의 "접근수준(level of accessibility)"에 있어서 차이를 발생시키는데, 특히 '우편 투표'나 '통신 투표'의 허용 여부, 그리고 투표소가 전국에 얼마나 퍼져 있는가 여부는 이러한 접근수준을 높이는 제도적 장치로 활용된다(Rahat and Hazan 2001).

선출직 당기구에 의한 후보자 선출은 그 기구의 상대적인 규모에 따라 포괄성이 달라지는데, 당원에 의해 선출된 대의원이 얼마나 많이 포함되어 있느냐가 포괄성을 특징짓는다. 아울러 비선출직 당기구 또한 당원에 의해 선출된 당기구(party agency)에 의해 인준된 경우와 당의 보스 혹은 파벌의 지도자에 의해 대표되는 사례 등 포괄성에 있어 차이를 보일 수 있다. 마지막으로 개인 당수에 의한 후보자가 선출되는 경우는 가장 폐쇄성이 높은 제도로 볼 수 있다. 결국 후보선출 과정에 당원참여의 제한이 많을수록 점점 폐쇄적이며 권위적인 정당운영의 모습을 띠게 된다.

III. 정당의 포괄성 확대의 정치적 효과

후보선출과 지도부선출에 있어 포괄성의 증대는 다양한 정치적 효과들을 발생시킨다. 라하트와 하잔은 이러한 효과들이 정당 정당성(party legitimacy)과 대중적 정당성(popular legitimacy) 사이의 이중적 정당성의 근원(dual sources of legitimacy) 때문에 발생한다고 보고 있는데 이를 간추리면 다음과 같다: 1)고정된 선거일정에 의한 정치적 시간 프레임(political time-frame)의 축소; 2) "유권자"로 알려진 무정형 집단에 대한 행태적 의존; 3)후보자가 관계를 맺고 있는 집단들(예: 정당, 정치연합, 반대집단 등)을 대체로 무시하는 경향; 4)개인주의 혹은 인민주의 정치에 대한 정치정향의 급속한 증대; 5)정치 일반, 특히 후보자 공천과정에의 대중매체의 영향력 증대; 6)넓은 유권자 층과의 접촉을 위해 보다 많은 정치자금을 모아야할 필요성 등이다(Rahat and Hazan 2001, 223).

특히 정당의 포괄성이 라하트와 하잔의 분류모형에서 일반유권자를 포괄하는 미국의 예비선거의 형태나 혹은 OMOV로 확장될 경우 후보자가 정당의 이념이나 정책을 따르는 정도인 정당응집력(party cohesiveness)과 후보자가 누구를 중심으로 선거운동이나 그 밖의 활동을 전개하는가를 측정하는 정당반응성(party responsiveness)에서 예상치 못한 결과를 가져올 수 있다(Hopkin 2001).

우선 정당응집력(party cohesiveness)의 측면에서 선출자의 포괄성을 미국의 예비선거(primary)처럼 당원뿐만 아니라 일반유권자들에게까지 후보선출권리를 확대할 경우 일반적으로 후보자의 정당 정책에 대한 충성도(loyalty)가 감소되는 효과가 발생한다. 파네비안코(Panebianco 1988)의 선거전문가형 정당(electoral professional party)이라 일컬어지는 지지자 중심의 이 정당유형은 정당의 선거경쟁력을 높이기 위해 일반당원뿐만 아니라 정당에 일체감을 표시하는 일반 유권자들(party identifiers)에게까지 후보선출권을 확대한다. 따라서 후보자의 재선동기(reelection motivation)를 고려할 때, 유권자 일반의 선호가 전체로서의 정당보다 훨씬 중요해지는 것은 지극히 당연하다. 따라서 정당후보들은 지역구 주민들에 대한 정책프로그램 제시뿐만 아니라 선거자금이나 선거자원봉사자 충원 등에서 조직으로서의 정당에 대해 의존하기 보다는 지역구 내에서 개인적인 지지기반을 확충하려 한다(Fenno 1978). 결국 이러한 과정을 통해 선출된 정당후보는 정당전체의 관점에서 볼 때 거의 무소속 후보나 다름이 없다(Kessel 1992). 아울러 의원으로 선출된 이후 이들의 활동은 당 차원에서 이념적으로 정리된 정책 프로그램에 집중하기보다 자신의 지역구에 대한 배분의 정치(distributive politics)에 집중되기 쉽다(Mayhew 1974). 따라서 이러한 의원들로 구성된 원내정당은 높은 수준의 자율성을 지닌 정치기업인(political entrepreneurs)의 느슨한 집합으로 전환될 가능성이 있다(LeDuc 2001). 이에 반해 유럽의 대부분의 국가에서 발견되는 기간당원제의 정당조직의 경우 선거전문가형 정당보다는 이념적 · 조직적인 완고함을 지니고 있어 정당응집력은 높다고 할 수 있다. 그러나 정당민주화 차원에서 진행된 OMOV의 채택은 상대적으로 정당응집력의 감소를 가져오는데, 이는 새로 유입된 당원들의 이념적 선호도가 정당충성도가 강한 기존의 정당활동가(party activists)보다 온건하기 때문에 잠재적 후보들이 중도적인 정치전술을 구사할 유인을 가지기 때문이다.

둘째, 정당반응성의 측면에서 정당의 포괄성 확대는 크게 두 가지 정치적 효과가 있다. 그 하나가 정치적 외부자(political outsiders)의 유입이다. 미국의 경우처럼 후보자가 일반유권자들을 포함한 예비선거에 의해 선출될 경우 정당은 선거경쟁력을 위해 시민사회의 새로운 쟁점의 등장에 민감하고 신속하게 반응해야 하고, 또한 당 외부에 존재하는 신진세력-잠재적 후보와 당원들-의 정치진입을 비교적 쉽게 수용할 수 있어야 한다. 기간당원제와 OMOV를 채택하는 유럽 대중정당의 경우 또한 기존 간부정당이나 개방 전의 카르텔정당에 비해 보다 일반적인 당원들의 투표에 의해 후보자가 선출되기에 신진세력의 진입이 비교적 쉽다.

두 번째 효과는 정당의 포괄성 확대는 선출권자의 범위와 선출제도를 둘러싼 당내 파벌 간의 권력투쟁을 유도하기 쉽다는 점이다. 아울러 이 과정에서 기존에 높은 정당충성심(party loyalty)을 지녀왔으며 일반당원과 당지도부 사이에 위치한 정당활동가(party activists)의 영향력이 급격히 위축될 가능성이 있다. 특히, 이러한 현상은 카르텔 정당이 정당민주화 차원에서 포괄성을 확대시킬 경우 발생하기 쉬운데, 이는 카르텔 정당 내에서 지도부가 자신의 기득권을 유지하기 위한 전술에서 구사하는데서 비롯되는 경우가 많다.

일반적으로 카르텔 정당은 정당 간(inter-party) 관계에 주목한다. 즉 '카르텔'은 1970년대부터 서유럽의 기성정당들은 사회적 기반의 약화를 경험하면서 그에 따른 대응으로 국가에 대한 의존을 확대하고 지배정당 간의 카르텔을 전술적으로 형성하여 정치경쟁의 구조를 점차 폐쇄적인 방식으로 만들어 신진정치세력에 대한 진입장벽을 제도적으로 설치하는 체제를 일컫는다(Katz and Mair 1995). 그러나 기존 소수의 당원과 직업 정치인에 의한 지배관행은 몇 차례의 선거패배를 경험하면서 자연스럽게 정당의 포괄성 확대 개혁을 단행하게 되는데, 개방의 핵심적 목적은 무엇보다도 선거경쟁력이라 할 수 있다. 다시 말해 카르텔 정당은 내부적으로 특화된 정치숙련과 전문성, 당내 리더십 진입에 대한 규제, 지위향상의 계층화 등의 조직적 특성과 함께 정당의 프로그램을 이념적으로 판단하는 정당활동가들과는 달리 당의 선거경쟁력을 중시하는 내용적 특징을 지닌다. 이 경우 카르텔 정당의 지도자들은 전통적인 정당의 이념적 노선보다는 선거경쟁력을 향상시킬 수 있는 당원의 충원에 관심을 가지게 되고, 이러한 정당의 개방을 통해 새롭게 유입된 당원들은 일반적으로 정당 활동에 덜 적극적이고 이념적으로 온건한 성향을 소유하고 있는 경우가 많다. 이러한 상황에서 새로 유입된 당원들은 정당 리더십을 강력하게 견제할 수 없으며 단지 당지도부의 선택에 대한 고무도장(rubber-stamp)으로 기능할 가능성이 높다(Hopkin 2001). 따라서 이러한 개방성의 증대를 통해 카르텔 정당의 지도부는 한편으로 새로운 당원들의 유입을 통해 정당의 선거경쟁력을 높이고, 다른 한편으로 중앙당의 리더십을 강화시킬 수 있는 기회를 마련하게 된다. 정당의 포괄성을 확대하려는 카르텔 정당의 지도자들의 이러한 노선은 결국 기존 이념적 결속(solidarity)으로부터 동기부여 받은 정당활동가들과는 대립된 이해관계를 지니게 되는 것이다(Katz 2001).

카르텔 정당의 지도부와 정당활동가 사이의 이해관계는 일반적으로 정당의 포괄성의 확대과정에서 선명한 당내갈등으로 나타나는데, 이 경우 카르텔 정당의 지도부는 기존 정당활동가들의 영향력을 제한하기 위해 두 가지 전술을 구사한다. 첫째, 당헌이나 당규를 이용하여 후보자 선출과정에서 리더십의 통제권을 강화하고 되도록이면 선거의 전 과정에 중앙당이 개입하도록 하는 전술을 구사한다. 예를 들어 유럽의 경우 지구당에 선택권을 부여하더라도 후보자의 종국적인 선택이나 정당명부에 대해 중당당의 승인을 단서조항으로 둔다든지, 혹은 사후 거부권을 중앙당의 리더십 아래 두도록 하는 것을 들 수 있다. 한국의 경우 전략공천의 권한을 중앙당 공천심사 위원회에 두는 것도 그 한 예가 될 것이다. 두 번째 전술은 예비선거나 그 복합적인 형태, 혹은 OMOV의 확대 등을 통해 정당활동가의 영향을 차단하는 것이다. 예비선거 혹은 OMOV제도 아래서는 정당활동가가 당의 공직후보나 지도부 선출에서 일반당원과 다른 특권을 누릴 수 없다. 따라서 예비선거나 OMOV로의 카르텔 정당의 포괄성 확대는 목적의식적으로 동기 부여된 정당활동가들의 행동주의(activism)를 감소시킴과 아울러 기존 카르텔 정당의 리더들의 영향력을 강화시키는 효과를 지니게 된다.

결국 이러한 상황은 결국 후보지명을 둘러싸고 당내 잠재적 계파 혹은 잠재적 후보자들 사이에 위로부터의 당원동원에 대한 경쟁을 부추길 가능성이 높고, 결국 당내 계판 간의 내적인 갈등 혹은 권력투쟁으로 진행될 가능성을 지니게 된다(LeDuc 2001). 또한 이러한 정당 개혁은 대중정당보다 민주적이지 못한 엘리트의 권력 강화로 귀결되는 "후보선출 민주화의 역설(paradox of the democratization of candidate selection)"로 귀결될 수 있다(Pennings and Hazan 2001, 271).

카르텔 정당의 개방성 혹은 포괄성 확대과정에서 나타나는 정당응집력과 정당반응성 두 영역에서의 정치적 효과가 미치는 범위에서 한국도 예외는 아닐 것이다. 1980년대 민주화 이후 한국의 주요정당은 권위주의 정당체제가 유지된 "계승형 카르텔 정당체제"(장훈

2003)가 일정정도 유지되다가 2002년 16대 대통령선거를 기점으로 정당민주화 개혁을 단행하면서, 일차적으로 공직후보나 정당지도부 선출자의 포괄성을 확대해나갔다. 따라서 이러한 과정에서 정당응집력과 정당반응성이 어떠한 변화경로를 보였는지 추적하는 것은 현재 논의되고 있는 정당민주화 혹은 정당개혁에 중요한 함의를 제공할 수 있을 것이다. 그러나 아쉽게도 정당응집력 부문을 측정할 수 있는 의원들의 호명투표(roll call vote)기록은 16대 국회 마지막 연도(2003년)의 일부와 17대 국회의 지난 2년(2004~2005년) 동안밖에는 없다. 따라서 정당응집력에 대한 분석은 보다 많은 시계열(time-series) 자료가 나온 후로 미루기로 하고, 다음 장부터는 기존 한국 카르텔 정당의 폐쇄성과 포괄성 확대 개혁, 그리고 포괄성 확대의 정치적 효과를 정당반응성을-1)정치권 외부자의 유입 증가, 2)선출자 범위를 둘러싼 당내 파벌간의 갈등과 정당활동가의 행동주의 감소-중심으로 파악해 보고자 한다.

Ⅳ. 한국의 정당의 폐쇄성과 포괄성 확대 개혁

민주화 이전까지 한국의 정당조직은 대중조직정당의 부재와 밑으로부터의 참여의 배제, 즉 정치사회와 시민사회의 괴리현상으로 특징지어졌다. 따라서 권위주의체제하의 시민의 정치참여는 '제한된 정치적 동원,' 즉 권위주의체제가 집권을 위해 대중을 위로부터 동원하는 방식을 보여주었다(박찬표 2003, 142). 즉 한국의 정당은 외형적으로 위로는 중앙당과 아래로는 지구당 간의 위계적 질서를 갖추어 서구의 대중정당의 형태를 띠고 있었지만 진정한 의미의 당원이나 대의기구 없는, 다시 말해 "머리는 있으나 손과 발이 거의 없는 기형적" 구조를 띠고 있었다(신명순 1996, 125). 그리고 아래로부터의 자발적 참여가 배제된 상태에서 정당의 운영은 결국 보스 중심의 정당엘리트에 의한 독점적 지배나 당내 파벌 간의 경쟁의 결과라는 형태를 띨 수밖에 없었다.

1980년대 중반부터 진행된 민주화도 이러한 정당구조에 근본적인 변화를 가져온 것은 아니었다. 최장집(2002)은 1980년대 권위주의 체제의 힘의 우위 아래 진행된 민주화 세력과의 정치타협은 결과적으로 구지배세력의 정치적 대표성을 그대로 보장하면서 단지 정치영역의 최소한의 경쟁원리를 도입한 것이었을 뿐이었다고 지적하고 있다. 이 시기 한국의 정당구조를 "계승형 카르텔 정당체제"로 규정한 장훈(2003)에 의하면, 권위주의 세력과 민주화 세력 간의 타협의 결과로 도입된 경쟁의 원리는 첫째, 단순다수제의 대통령선출과 소선거구 중심의 국회의원 선거제도; 둘째, 새로운 정치세력에게 불리한 정당법, 선거법, 정치자금법의 온존; 셋째, 정치체제의 개방성을 확대하고 참여를 증진하기 위한 제도적 개혁의 부재 등의 특징을 지니고 있었다(장훈 2003, 47). 다시 말해 권위주의 시대의 계승정당들이 민주화 이후에도 정당정치를 독과점하는 상태에서 새로운 정당이나 새로운 정치세력이 진입을 제도적으로 봉쇄되는 구조적 특징을 지니고 있었다는 것이다. 이러한 카르텔 정당의 폐쇄성은 1인 보스 중심의 지역주의 정당체제, 계급적 · 계층적 · 이념적 균열표출의 제도적 봉쇄, 시민사회와의 괴리 등과 결합되어 한국 정당정치에 민주주의 결핍(democratic deficit) 현상을 초래했다 하겠다(최장집 2003).

체제민주화 이후 한국 카르텔 정당의 폐쇄성은 이 시기 당원의 규모와 당비납부 현황에도 잘 반영되어 있다. 심지연 · 김민전(2002)의 조사를 재구성한 [표 1]에 의하면, 1997년 주요 정당의 당원은 한나라당이 415만 명, 국민회의가 84만 명, 그리고 자유민주연합이 99만 명으로 결코 적은 숫자가 아니자만, 이중 당비를 낸 당원의 비율을 한나라당 0.02%, 국민회의가 0.04%, 그리고 자유민주연합이 0.02%에 지나지 않았다. 2000년 각 당의 당비납부 현황도 1997년과 비교해서 큰 차이가 없다. 우선 260만 명의 당원을 지닌 한나라당의 경우 당비납부율은 0.1%에도 못 미치는 0.08%에 지나지 않았고, 새천년민주당 또한 170만 명의 당원 중 당비납부자는 0.02%에 지나지 않았으며, 자유민주연합 또한 140만 명의 당원 중 0.04%만이 당비를 납부했다. 아울러 당원들이 납부한 당비가 전체 중앙당 수입에서 차지하는 비중이 1997년의 자유민주연합을 제외하면 10%를 넘지 못하고 있다. 당비를 납부한 당원의 수가 1%에도 미치지 못하고 당비가 전체 중앙당 수입의 10%도 채 안된다는 사실은 당의 운영자금이 국회의원들이나 주요 당직자들에 의해 모금되고 있고 동시에 대부분의 당원들은 돈을 들여 동원된 사람들이었음을 추론할 수 있게 해준다. 아울러 이러한 정당구조는 결국 공직후보선출이나 당지도부 선출에서 일반당원들의 목소리를 반영할 수 없는 구조적 한계를 지니고 있었다 하겠다.

[표 1] 1997~2000년 한국 정당의 당원수와 당비 납부율

	한나라당			국민회의/새천년민주당			자유민주연합		
	당원수	당비납부율	중앙당 수입비중	당원수	당비납부율	중앙당 수입비중	당원수	당비납부율	중앙당 수입비중
1997년	415만 명	0.02%	8.8%	84만 명	0.04%	5.5%	99만 명	0.02%	23.0%
2000년	260만 명	0.08%	9.6%	170만 명	0.02%	2.8%	140만 명	0.04%	1.8%

출처: 심지연 · 김민전(2002), 163~164에서 재구성

지구당에 대한 실사 연구에 의하면, 이 시기 당원수는 과장된 수치가 아니면 대부분 선거기간 동안에 동원되어 급조된 당원들임을 알 수 있다(정영국 2000 참조). 1996년 신한국당의 경우 대도시 지역의 각 지구당에서 유권자 15만 명을 기준으로 평균 2~3만 명의 당원을 확보하고 있다고 주장했지만, 실사 결과 각 지구당에서 "활동당원"으로 스스로 평가하고 있는 당원규모는 6천~8천 명 규모에 지나지 않았고, 그 나머지는 사실상 허수이거나 거의 활동하지 않고 있는 당원이었다. 그러나 이마저도 현역의원이 지구당 위원장을 맡고 있는 경우에 그러했고, 원외 위원장을 둔 지구당은 이에 훨씬 미

치지 못했다고 한다(위 논문, 238~239). 당비납부를 기준으로 볼 경우 상황은 더 악화된다. 1998년 한나라당은 지구당 기준 42.2명, 당원 1000명 당 3.4명꼴로 당비를 납부하는 당원을 보유하고 있었고, 새정치국민회의는 지구당 기준 35.1명, 당원 1000명당 8.3명, 그리고 자유민주연합은 지구당 평균 11.3명, 당원 1000명당 1.8명의 당비납부 당원을 확보하고 있을 뿐이었다(위 논문, 239).

당비납부 당원의 부재는 결국 정당일체감을 지닌 당원의 부재, 즉 정당이 추구하는 정치이념이나 정책노선에 따라 자발적으로 참여하는 당원이 거의 없고 대부분 비자발적 "억지당원"에 불과했음을 의미하며, 따라서 정당이 조직과 운영은 당헌과 실제상의 괴리현상을 보였던 것은 너무도 당연한 것이었다. 예를 들어 각 정당은 지구당 수준에서 의결기관인 지구당 대회를 두고 여기에 지구당 위원장 및 공직후보자 선출권을 부여하는 등 당원에 바탕을 둔 상향식 조직체계를 당헌상에 갖추고 있었다. 그러나 실제 지구당은 지구당 위원장의 지역구 관리 및 선거운동용 조직으로서 행정체계에 맞춘 거주지역별 유권자 동원체계의 형태, 즉 "선거운동의 편리한 표밭"이거나 "선거자금 살포대상"에 지나지 않는 조직적 체계를 띠고 있었다(위 논문, 241~243).

따라서 한국 카르텔 정당의 폐쇄성에 대한 교정은 무엇보다도 정당의 조직 · 운영에 있어 아래로부터의 참여를 대폭 허용하며 그들에게 공직후보와 당지도부, 그리고 정책결정권한을 이양하는 포괄성 확대 개혁으로부터 시작될 수밖에 없었다. 유럽의 카르텔 정당이 당의 대중적 토양 침식(당원 감소)과 유권자들로부터의 이탈(선거 패배)을 계기로 포괄성을 확대한 것과 같이 2002년 새천년민주당의 포괄성 확대는 잇단 재 · 보선 패배, 권력형 비리의 발생, 그리고 여권 내부의 갈등으로 당에 대한 지지가 급락한데 기인한 바가 크다. 새천년민주당은 당내에 '당 발전과 쇄신을 위한 특별대책위원회를 설치하고 당 총재직 폐지 및 당권 · 대권의 분리와 아울러 국민참여경선제 도입을 시도했다. 당시 새천년민주당은 대의원들만 참여해 후보를 선출하는 기존의 방식으로는 대중적 관심과 지지를 모을 수 없다는 판단을 했고, 따라서 대의원 1만5천 명, 당원 2만 명, 일반국민 3만5천 명을 지역별 인구편차, 성별, 연령별로 분할해 경선에 참여하도록 했다. 비록 미국의 예비선거와는 다른 예비선거와 당내 상향식 공천의 혼합형태였지만 일반국민이 선출자에 포함됨으로써 새천년민주당은 당의 외연을 확장했고, 그리하여 제주도를 시작으로 진행된 새천년민주당의 대통령후보 선출을 위한 국민참여경선은 184만 명에 달하는 유권자들의 참여를 이루어내어 성공적으로 포괄성을 확대할 수 있었다(심지연 2004).

공직후보선출과정에서의 포괄성의 확대는 2004년 17대 총선에서도 주요 정당들이 다양한 형태의 국민참여경선제를 도입함으로써 지속되었다. 아래 [표 2]에 의하면, 2003년 11월 새천년민주당으로부터 분당해 창당한 열린우리당은 2004년 4월 17대 총선을 맞아 국민참여경선을 포함한 상향식 공천을 기본적인 후보선정 기준으로 삼고 경선시 국민 참여의 비율을 50% 이상으로 책정해 당의 포괄성을 증대시키고자 했다. 그리고 전체 243개 지역구 중 약 34%인 83개 지역에서 여론조사 혹은 직접적인 국민참여경선을 실시하여 후보를 선출했다. 나머지는 100개 지역구에서 단일후보 공천, 그리고 60개 지역에서 전략공천을 실시했다. 한나라당은 당원 10%와 일반유권자 90%로 구성되는 국민참여경선제도를 도입했는데, 전체 212개 공천 선거구 중에서 경선은 전체의 13.2%인 28개 지역구에서만 이루어졌으며, 나머지는 184개 선거구는 공개 혹은 비공개토론을 거친 후 단일후보로 공천되었다. 민주당의 경우 여론조사를 포함하여 경선이 실시된 지역구는 전체의 28.3%인 43개 선거구였으며, 중앙당에 의한 단일후보공천은 144개 지역구에서 이루어졌다(전용주 2004; 열린우리당 2004).[3]

[표 2] 주요 정당의 17대 총선 공천의 유형별 현황

공천유형\정당	열린우리당	한나라당	민주당
전체	243	212	152
비경선	160	184	109
경선	83	28	43
경선비율	34.2%	13.2%	28.3%

출처: 전용주(2004), 180; 열린우리당(2004).

3 각 당의 공천유형별 분류는 연구자별로 약간의 차이를 보이고 있다. 이현출(2004)과 김영태(2004)는 한나라당의 공천에서 경선이 15개 지역구에서 일어나 전체의 6.6%의

17대 총선 당시 주요정당의 국민참여경선을 포함한 상향식 공천제도의 도입은 포괄성 확대를 통해 권위주의체제 아래 정당정치의 특징이었던 "제한된 정치적 동원"과 "정당엘리트나 당내 파벌 간의 경쟁"만의 정치를 청산하고 시민사회와의 소통망을 확장하여 여 카르텔 정당의 민주주의 결핍현상을 극복하려는 시도였다. 그러나 중앙당 공천기구에 의한 비경선 방식이 주류를 이루었던 17대 총선의 공천결과는 애초의 공천과정의 민주화를 위한 전면적 개혁이라는 목표에 크게 미치지 못했음을 알 수 있다(전용주 2004). 특히 열린우리당의 경우 비록 한나라당이나 민주당보다는 포괄성 확대에 있어 진일보했지만, 선거구 총수의 30% 이내에서 전략공천과 56명의 비례대표 후보의 선정권한을 중앙위원회의 인준을 조건으로 당의장에게 부여함으로써 여전히 중앙당이 강한 통제력을 지니고 있는 카르텔 정당유형을 벗어나지 못했다.

2002년부터 시작되어 최근까지 진행되어온 한국 주요 정당들의 포괄성 확대 개혁은 비록 제한된 범위에서 이루어졌지만, 일단 아래로부터의 참여를 보장했다는 의미에서 한국 정당민주화에 큰 기여를 한 것으로 여겨진다. 그럼에도 불구하고 한국 정당들의 포괄성 확대는 홉킨(Hopkin 2001)이 말했듯이 정당응집력과 정당반응성에서

비율밖에 보이지 않았다고 밝히고 있다. 아울러 각 당의 공천유형은 단일후보, 공개토론, 비공개토론 및 여론조사, 경선, 전략공천 등 위의 분류방식보다 훨씬 다양한 형태로 이루어졌었다.

예기치 못한 부수적 효과를 발생시켰다. 다음 장에서는 정당반응성의 관점에서 이를 살펴보기로 하자.

V. 한국 정당의 포괄성 확대와 정당반응성

1. 정치적 외부자의 유입효과

예비선거제와 OMOV를 비롯한 정당의 포괄성 확대는 권력의 중심축을 정당의 리더십으로부터 일반대중으로 이동시킨다는 민주화적 의미를 함축하고 있었지만, 이와는 별도로 정당정치에 중요한 변화를 수반한다. 정당반응성의 관점에서 정당의 포괄성의 확대는 전통적인 정치권인사 외에 제도권 밖의 정치인의 유입을 증대시킬 가능성이 있다. 이러한 변화는 후보자공천에서 아웃사이더(outsider)의 충원으로부터 나타난다. 미국의 경우 예비선거제의 도입은 기존 워싱턴에 정치적 기반을 둔 엘리트들보다는 외부의 정치인들이 일반유권자들과 접촉하기 훨씬 유리한 환경을 조성했고, 따라서 워싱턴 외부자들(Washington-outsiders)의 정치적 진입을 촉진시키는 결과를 초래했다. 예를 들어 1970년대 이후 현직 대통령이 재선에 출마한 1988년, 1996년, 2004년을 제외한 6차례 선거 중 무려 4차례나 주지사 출신의 후보들이－1976년 민주당 지미 카터(Jimmy Carter), 1980년 로널드 레이건(Ronald Reagan), 1992년 빌 클린

턴(Bill Clinton), 2000년 조지 부시(George W. Bush)-당선된 사실이 이를 입증하고 있다. 이러한 결과는 결국 예비선거의 도입이 선거과정에서 워싱턴 내부자들(Washington-insiders)에게 불리하게 작용하게 했을 뿐만 아니라 이들의 정당에 대한 통제권을 어렵게 했다.

2002년 국민경선제를 채택한 새천년민주당 또한 미국의 예비선거의 정치적 효과와 유사한 결과를 초래했었는데, 바로 정치 외부자였던 노무현 후보가 민주당의 최종 후보로 선출되었다는 점이다. 이는 민주당이 새롭게 채택한 대통령후보 선출을 위한 국민참여경선에 일반국민을 50% 배정한 것에 기인한 바 컸다. 당시까지 한국정당정치는 지역주의와 1인 보스의 지도력에 의존한 사당(私黨)적 성격이 강했고, 따라서 정치권내부와는 달리 일반국민들 사이엔 반(反)지역주의와 반(反)권위주의적 민주정치에 대한 바람이 배태되어 있었다. 그리고 이러한 바람에 대해 16대 총선 당시 지역주의에 저항하는 의미로 현 지역구였던 종로구를 버리고 부산 북 · 강서을구에 출마하여 낙마한 후 제도권 정치의 외부에서 대선 행보를 펼쳤던 노무현의 경험은 이들에게 최상의 선택지를 제공했다고 보인다. 그리고 이러한 추측은 2002년 3월 16일 광주 경선에서 노무현이 1위로 부상하면서 등장한 노풍(盧風)으로 나타났다. 결국, 미국 예비선거의 경험과 한국의 국민참여경선제의 경험은 정당 후보자의 선출단위가 일반국민에게까지 확대될 경우 제도권 외부의 정치인의 진입을 쉽게 만들 수 있음을 보여주고 있다.

국민참여경선제의 도입으로 인한 외부자의 유입현상은 주요 정당이 국민경선제를 채택한 17대 총선에서도 나타났는데, 아래 [표 3]에 의하면 17대 국회에 입성한 현직의원과 정치인 출신이 66.3%로 15대의 78.3%와 16대의 83.2%에 비해 그 규모가 작아 17대 국회에 정당외부인의 유입이 급증했음을 방증하고 있다.

[표 3] 역대 국회의 정치인 출신 구성 비율

	지역구 총인원수	현직의원	정치인	비율(%)
15대 국회	253	112	86	78.3
16대 국회	227	118	71	83.2
17대 국회	243	88	81	66.3

출처: 중앙선거관리위원회.

아울러 공천자의 사회적 배경을 정치적 대표성(국회의원, 정당인, 지방정치인 등)과 전문성(변호사, 기업인, 언론인, 교수, 공직자 등)으로 구분할 경우 17대 총선에서 정치권 외부인은 주로 전문성을 표방한 초선의원의 공천을 통해 이루어졌었다. 직업이 확인된 자료를 중심으로 전체 공천자를 정치적 대표성과 전문성으로 구분해보면, 아래 [표 4]에서 제시된 바와 같이 열린우리당의 137명 공천자 중 정치적 대표성과 전문성 비율은 각각 46.0%와 25.5%, 그리고 한나라당의 228명 공천자 가운데 이 유형은 각각 68.4%와 19.3%

로 정도의 차이는 있지만 대체로 양당 모두 공천과정에서 정치적 대표성에 보다 많은 비중을 두었었음을 알 수 있다. 그러나 초선당선자의 유형은 전체 공천자의 패턴과 정반대의 현상을 보이는데, 열린우리당의 경우 전체 85명의 초선당선자의 정치적 대표성과 전문성의 비율이 각각 35.3%와 57.6%, 그리고 한나라당의 경우 전체 41명 초선당선자 중 이 비율이 각각 22.0%와 68.3%로 전문성이 정치적 대표성을 압도한 것으로 나타났다. 아울러 열린우리당의 경우 지역구 초선의원 공천 중 경선이 차지하는 비중이 56.6%로 단일후보 18%나 전략공천 33.3%보다 훨씬 높다는 것을 고려할 때,[4] 결국 국민경선제의 도입으로 나타난 정당의 포괄성 확대는 전통적인 의미에서 정당충성도와 상관없는 정치적 외부인사의 제도 정치권으로의 진입을 증대시키는 효과가 있음을 알 수 있다.

[표 4] 17대 총선 사회적 배경별로 구분한 공천유형

	전체 공천자		초선의원	
	정치적 대표성	전문성	정치적 대표성	전문성
열린우리당 (전체 공천자: 137명, 초선의원 85명)	63 (46.0%)	35 (25.5%)	30 (35.3%)	49 (57.6%)
한나라당 (전체공천자 228명, 초선의원 41명)	156 (68.4%)	44 (19.3%)	9 (22.0%)	28 (68.3%)

출처: 이현출(2004), 24~25쪽을 재구성.

4 17대 총선 열린우리당의 지역구 초선의원 공천유형은 단일후보가 전체 100명 중 18명, 경선이 전체 83명 중 47명, 그리고 전략공천이 전체 60명 중 20명이었다.

요약하면 예비선거 혹은 국민참여경선과 같은 정당포괄성의 확대는 전통적인 정치권 내부인사보다는 아웃사이더들의 정치권 진입을 증가시키는 경향이 있다. 이는 공직후보 선출과정에 일반유권자들이 포함된 데서 비롯된다 할 수 있다. 정치 외부자들은 내부자들에 비해 다양한 쟁점과 비전으로 일반유권자들과의 접촉기회를 늘일 수 있으며, 이는 예비선거제를 채택한 미국과 국민참여경선제를 채택한 한국에서 공통적으로 발견되는 현상이라 하겠다. 아울러 이러한 정치적 외부자의 정당으로의 유입은 전통적으로 유지해오던 정당의 이념적 노선을 희석시키고, 당원들의 정당충성도를 약화시킬 가능성이 있다.

2. 포괄성 범위를 둘러싼 당내 파벌 갈등과 정당행동주의의 감소

다음으로 정당의 포괄성 확대는 앞서 언급했듯이 포괄성의 범위를 둘러싼 당내 파벌 간의 경쟁적 동원을 야기하며 그 결과 정당활동가들(party activists)의 행동주의(activism)의 감소시키는 효과가 있다. 특히 이 문제는 공직후보나 당지도부 선출과정에서 리더십의 통제권을 강화시키는 중앙당의 전술과 결합하여 결국 카르텔 정당의 민주화의 역설로 이어진다.

영국 노동당의 경험은 이를 구체적으로 보여주고 있다. 영국 노동당의 당수 선출과정의 민주화는 1979년부터 1992년까지 잇따른 선거 패배로부터 출발했다. 1979년 총선에서의 참패는 당내 좌파그룹으로 하여금 기존 의원들에게 한정되어있던 당수선출 권한에 대한 심각한 비판과 함께 당수선출에 참여의 확대를 요구하는 주장을 불러일으켰다. 그리하여 1981년 1월 특별전당대회에서는 논란 끝에 의원 30%, 지구당 30%, 노조 40%의 비율로 선거인단(electoral college)을 구성 당수를 선출하도록 결정했다. 아울러 원내 노동당의 지도자가 전체 노동당의 지도자가 되었던 종래의 규정을 수정하여 선거인단에 의해 선출된 노동당 지도자가 원내 노동당 지도자의 역할을 담당하도록 했다. 그러나 1983년과 1987년 잇따른 총선패배는 기존 당수 선출 방식 대신 OMOV 방식에 대한 논의를 가속화시켰으며, 1987년 총선 이후 노동당은 지구당이 차지하는 30%에 대해서 OMOV를 채택할 것을 결정했다. 여기에 1992년 총선에서 패배하면서 노동당 내부에서는 기존 노조의 40% 지분과 블록 투표(block vote)에 대한 비난이 높아져 결국 의원, 지구당, 노조가 각각 1/3-1/3-1/3씩 투표권을 갖고 노조의 블록투표의 철폐와 OMOV의 도입을 채택했다. 이와 함께 1994년에는 우편투표(postal ballot)를 가능하게 했다(Stark 1996; 강원택 2003, 22~26).

그러나 노동당의 의원 후보자 선출에 대한 규정은 포괄성을 확대하면서 중앙의 리더십을 견고히 하는 카르텔정당의 확대전략을 보여주고 있다. 우선 노동당은 중앙당의 여과장치로 지구당 집행위원회의 최종명단(shortlist)에 대한 승인권을 전국집행위원회(National Executive Committee)에 부여하고 있다. 아울러 전국집행위원회는 이후 지구당에서 OMOV를 거쳐 최종선발된 후보에 대해서도 거부권을 행사할 수 있다(Norris and Lovenduski 1995, ch. 4). 즉 후보선정의 모든 과정에 걸쳐 중앙당의 개입 근거를 마련함으로써 중앙당의 권한을 강하게 유지하고 있는 셈이다. 그리고 이러한 중앙당의 강한 권한은 한편으로 정당응집력의 축소를 유지한다는 긍정적 의미도 있지만 결국 일반당원으로의 권력의 재분배가 실질적으로 이루어지지 못한다는 부정적 측면을 지니게 한다.

위에서 예시한 일련의 노동당의 후보와 당수 선출과정의 민주화는 일반적으로 아래로는 일반 개인당원 그리고 위로는 정당 리더십을 강화시켰다고 보인다. 그러나 노동당의 포괄성의 증대는 그 중간에 놓여 있는 정당활동가들을 영향력을 상당히 위축시키는 결과를 가져왔다(Norris and Lovenduski 1995). 특히 1993년의 OMOV의 정착과 노조의 블록투표 폐지는 노조의 영향력을 급감시켰는데 반해, 이념적으로 온건하며 비활동적인 일반당원의 유입과 그 역할을 증대시킴으로써 결국 오랫동안 당적을 유지해온 당원들의 행동주의(activism)를 감소시켰다. 아울러 이러한 개혁은 후보선출에 대한 중앙당의 강한 권한과 맞물려 당원들을 리더십에 의존하는 수동적인 존재로 만들어 결국 "거세된 민주화(democratization as emasculation)"로 평가받기도 했다(Webb 1994, 120).

공직후보나 당지도자 선출과정에서 포괄성을 확대하고 다른 한편으로 당지도부의 권한을 강화시킴으로써 정당행동가들의 적극적 행동주의를 감소시키는 카르텔 정당의 민주화의 역설은 17대 총선에서 최근까지의 한국 열린우리당의 사례에서도 발견된다. 2003년 11월 창당한 열린우리당은 기존 새천년민주당 내의 분당세력, 2002년 대통령선거 과정에서 노무현 후보를 지지하기 위해 조직되었던 개혁당, 그리고 한나라당으로부터 탈당한 5명의 국회의원을 중심으로 결성되었다. 그러나 창당과정에서 이러한 다소 이질적인 이합집산은 공직후보선출권을 비롯한 정당운영의 원칙을 두고 잠재적인 대립현상을 보이게 되는데, 대표적으로 기간당원 중심의 대중정당론과 지지자중심의 선거전문가형 정당론의 경쟁양상으로 나타났다. 우선 2002년 16대 대선 이후 열린우리당으로 흡수된 노사모그룹과 개혁당을 중심으로 한 참여정치연구회는 전통적으로 위로부터 동원된 정당원이 아니라 자발적 참여와 당비를 적극적으로 납부하는 정당활동가 그룹을 형성했고, 2005년 현재 중앙위원회의 20%를 차지할 정도로 급속한 정치세력화에 성공했다. 그리고 이들은 공직후보와 당지도부 선출에 있어 기간당원제를 근간으로 하는 상향식 공천을 주장했다. 이는 유럽의 대중정당 모델에 기반을 둔 것으로 궁극적으로 OMOV제도를 지향하는 것이었다. 이에 반해 실용파로 구분되는 구민주당에 뿌리를 둔 당내 집단과 보수성향의 그룹은 기간당원제의 실효성에 회의적이었다.

그러나 2004년 4월 총선 당시 열린우리당의 당원수는 불과 22,000여 명에 불과했었고, 따라서 당의 사회적 기반의 확충과 선거경쟁력을 확보하기 위해서라도 진성당원을 중심으로 한 OMOV보다는 일반국민이 참여하는 국민참여경선제의 채택은 불가피한 것이었다. 그러나 포괄성 확대를 위한 공천과정의 개혁은 무엇보다도 중앙당의 권한을 강하게 유지하는 전략공천제의 도입으로 인해 그 의미가 퇴색될 수밖에 없었다. 앞서 언급했듯이 열린우리당은 17대 총선 당시 전체 243개 지역구 중 100개 지역구에서 단일후보를 공천했으며, 60개 지역에서 전략공천을, 그리고 경선을 실시한 지역은 83개에 지나지 않았다. 이러한 전략공천제를 비롯한 중앙당의 강력한 권한유지는 정당민주화의 의미보다는 중앙당의 기득권 유지와 선거경쟁력을 감안한 카르텔 정당의 전형적인 전술이었고,[5] 따라서 창당 이후 적극적인 정당활동가 그룹을 형성했던 노사모와 개혁당 출신의 당원들의 저항에 부딪힌 것은 당연한 일이었다. 한 예로 2004년

5 17대 총선 열린우리당의 "공천후보자자격심사위원회 활동보고"에 따르면, 국민경선제의 도입이 결국 당의 권력을 당원 및 일반대중으로 분배한다는 정당민주화의 의미보다는 선거경쟁력을 감안한 카르텔 정당의 전술이라는 측면이 강했음을 알 수 있다. 우선 보고서에는 경선지역의 선정근거로 "신청자가 다수이면서 다수의 후보가 상대방 후보에게 경쟁력이 있다고 판단되는 지역"을 들고 있으며, 전략공천의 경우 "당 지지도는 높으나 현재 후보군으로는 경쟁력이 담보되지 못한다고 판단되는 지역"을 선정근거를 들고 있다. 또한 단일후보 선정과 관련해서도 "신청자는 다수이나 그 중 한 후보가 다른 신청자나 상대방 후보에 경쟁력이 있는 경우"를 두 가지 중 한 예로 들어 후보공천에 있어 선거 안정성(electoral safety)이 제1차적 고려사항이었음을 밝히고 있다(열린우리당, 2004). 그러나 선거경쟁력을 이유로 한 단일후보공천이나 전략공천은 결국 공천권의 행사가 중앙당에 공천심사위원회에 귀속되어 결국 중앙당의 권력을 강화시키는 결과를 초래했다.

2월 초 수원의 영통구에 중앙당이 김진표 전 경제부총리를 전략공천하려 하자 이 지역의 당원들은 중앙당사 앞에서 부당한 전략공천에 항의하는 시위를 벌이며 지역구내 국민참여경선을 주장했다(오마이뉴스 2004/2/11).[6] 전략공천에 대한 반발은 2005년 4월 30일 재보궐선거에서도 나타났다. 열린우리당은 총 6개의 재보궐선거 지역 중 충남 아산과 경기 포천 · 연천 지역구 등 4개 지역에 전략공천을 단행한 바 있다. 이 중 아산지역에서 17대 총선 당시 자민련으로 출마했던 인사를 전략공천하자 아산시당원협의회로부터 거센 반발을 샀다(연합뉴스 2005/3/28).

그리하여 2004년 9월 22일 개정된 당헌에는 "권리행사일 60일 전 시점을 기준으로 최근 6개월 이상 당비를 납부한 자"로 기간당원의 자격을 규정했고, 이들에게 당직 및 공직후보의 선거권과 피선거권을 부여해(당헌 2장 6조) 기간당원제의 면모를 갖추었지만, 공직후보 선출방법을 "기간당원경선 또는 국민참여경선방식으로 한다"(당헌 11장 114조)고 하여 여전히 기간당원중심의 대중정당 모형과 지지자 중심의 선거전문가 정당모형 사이의 논쟁이 해소되지 않았음을 보여주었다.

---

6 시위에 참가한 당원들은 "고위 공직자를 영입해 무경선으로 공천하는 것은 과거 낡은 정치의 전형"이라며 "영입인사라 하더라도 국민참여경선이라는 검증 절차를 밟으라"고 요구했었다.

진성당원제와 지지자중심의 정당구조에 대한 열린우리당 내 이견은 당내 파벌 간의 경쟁적 동원전략과 맞물려 당내 갈등의 핵심 축을 형성했다. 갈등양상은 2005년 4월 2일 당의장 선거 및 4월 30일 재보궐선거를 통해 표출되었다. 2004년 말 열린우리당의 기간당원은 약 4만 명에 불과했다. 그러나 당의장 선거를 앞두고 진행된 2월의 당원협의회 선거 당시 열린우리당의 당원수는 약 25만에 육박했다(중앙일보 2005/5/9). 이는 단순하게는 당의 외연확대를 위한 조치의 일환으로 볼 수 있으나 후보선출 개혁이 경쟁파벌의 권력투쟁의 무기로 작용한다는 카르텔 정당의 포괄성 확대가 가져온 정치적 효과였다. 열린우리당 내 적극적 정당활동가 세력인 참여정치연구회를 필두로 한 개혁파는 당의장의 선출권한을 갖는 기간당원의 조건을 2004년 9월 22일 개정된 당헌에 엄격히 근거해야 한다고 주장했다. 그러나 당내 구민주계와 당권파를 중심으로 한 실용파들은 이러한 규정을 2개월로 완화할 것과 현금납부도 가능하게 할 것을 주장했고 결국 이를 관철시켰다.

이러한 선출단위 구성의 기준완화는 물론 당원의 급격한 증가를 가져와 당의 외연을 확장시키는 데 기여했다. 그러나 이는 권위주의 정당시절의 "위로부터의 제한된 정치적 동원"이 당의 포괄성 확대를 역이용하여 재등장한 것에 다름 아니었다. 단적인 사례가 당내 특정 파벌에 의한 종이당원 동원문제였다. 울산의 당비대납 사건은 그 대표적인 사례로 울산시 대의원 총 1114명 중 397명은 '유령당원' 이었으며, 나머지 717명 중 본인이 당비를 내지 않은 사람이 무려 47.6%인 341명으로 나타났다(데일리서프라이즈 2005/4/8). 광주지역에서는 사망자의 입당원서가 접수되는 해프닝 또한 벌어졌었다(중앙일보 2005/5/9). 이는 한편으로 포괄성 확대를 충족시켜 선거공학적 이점을 누리면서 다른 한편으로 창당 당시 당으로 유입되어 적극적 활동가 그룹을 형성했던 노사모와 개혁당(참정연) 세력의 영향력을 감소시키면서 당권을 강화하기 위한 일종의 역동원 전술의 결과였다. 그 결과 당의장 선거와 상임중앙위원회 구성에 있어서 당권파의 입지는 굳혀졌고, 참정연을 비롯한 개혁파의 영향력은 감소할 수밖에 없었던 것이다.

공직후보와 당지도부 선출제도를 둘러싼 당내 파벌 갈등은 2005년 4월 30일 재보궐선거의 참패에 이은 10월 26일 국회의원 재선거에서의 참패로 더욱 첨예화되는 양상을 띴다. 재선거 참패 이후 열린우리당 내의 갈등은 기간당원제 자격 완화와 민주당과의 통합 문제, 중앙위원회 권한문제, 그리고 전당대회 개최방식 문제를 놓고 당내 개혁파와 실용파 사이의 대립양상으로 전개되었다(문화일보 2005/11/14). 문제는 4 · 30 재보선 이후 급속도로 거품이 빠져 14만 8천 명까지 추락했던 열린우리당의 당원수가 2006년 지방선거에서 당내 투표권을 가질 수 있는 마지막 기한인 8월 말경 다시 55만 명으로 증가해 다시 종이당원의 동원문제가 불거진 데 있다(서울신문 2005/11/14). 당내 주류세력인 실용파는 결국 기간당원제가 종이당원을 양상하고 있으며, 아울러 외부인사 영입을 막고, 소수파의 정략에 당이 휘말릴 수 있기 때문에 일반 당원의 참여를 확대하며 여론조사를 적극적으로 이용할 수 있도록 기간당원제를 완화할 것을 주장했다(중앙일보 2005/11/14). 반면 OMOV를 지향하는 참정연의 경우 기간당원제의 폐지 또는 완화는 "상향식 민주주의의 창당정신을 훼손하는 것"이라며 동의할 수 없다는 입장을 표명했다. 이는 2006년 2월 전당대회를 앞두고 당지도부 선출제도를 쟁점으로 한 당내 파벌 간의 권력투쟁이 표면화된 것으로 결국 공직후보나 당지도부 선출제도에 있어 포괄성 확대문제가 당내 파벌 간의 권력경쟁의 주요한 도구로 사용되고 있음을 보여준다 하겠다.

요약하면 정당민주화 개혁 차원에서 진행된 한국 주요정당의 포괄성 확대개혁은 포괄성의 범주를 둘러싼 당내 파벌 간의 경쟁을 가열시키고 있다. 아울러 전략공천을 비롯한 중앙당의 강력한 권한 유지는 정당의 권력을 당원에게 되돌려 준다는 종래 정당개혁의 취지를 심각하게 훼손하고 있어 라하트와 하잔(2001), 그리고 홉킨(2001)이 말한 카르텔 정당의 민주화의 역설현상이 한국에서도 발견됨을 보여주고 있다.

VI. 결론

민주화 이전까지 한국의 정당조직은 집권을 위해 위로부터 대중을 동원하는 기형적 구조를 띠고 있었다. 아울러 1980년대 중반 민주화도 이러한 정당구조에 근본적인 변화를 가져온 것은 아니었다. 민주화는 정치영역에 최소한의 경쟁원리를 도입했을 뿐, 오히려 다양한 정치관계법을 통해 새로운 정당이나 정치세력의 진입을 제도적으로 봉쇄하는 계승형 카르텔 정당체제를 유지했다. 이러한 카르텔 정당은 아래로부터의 참여가 보장되지 않는 폐쇄성을 보일 수밖에 없었는데, 각 정당의 당원의 규모와 당비납부 현황에 잘 반영되어 있었다.

정당의 대중적 토양의 침식과 유권자들로부터의 이탈은 정당개혁에 대한 욕구를 불러일으켰다. 이에 따라 한국의 주요 정당은 공직후보와 당지도부의 선출권한을 일반당원 및 유권자들에게까지 확대하는 포괄성 확대개혁을 단행했고, 그 대표적인 사례가 국민참여경선제의 도입이었다. 16대 대선과 17대 총선에서 국민참여경선을 포함한 상향식 공천제도의 도입은 권위주의체제 하의 정당정치의 특징이었던 제한된 정치적 동원과 정당엘리트나 당내 파벌 간의 경쟁 정치를 청산하고 시민사회와의 소통망을 확장하여 카르텔 정당의 민주주의 결핍현상을 극복하려는 시도였다.

그러나 정당의 포괄성 확대개혁은 권력을 일반당원이나 유권자에게 돌려준다는 민주주의적 기대수준과는 사뭇 다른 정치적 효과를 생산해낸다. 이 글은 카르텔 정당이 당의 공직후보나 지도부 선출과정을 개방하여 선출단위의 포괄성을 확대할 때 생겨나는 정치적 효과를 정당반응성의 차원에서 한국 주요 정당들의 사례를 통해 경험적으로 측면에서 고찰하고자 했다.

정당반응성의 측면에서 포괄성 확대개혁은 정당이 공직후보 선출권리를 일반당원이나 유권자들에게 확대할 경우 신진세력인 정치적 외부자들의 유입을 증가시킨다. 16대 대선에서 국민참여경선을 통해 정치 아웃사이더였던 노무현 후보가 민주당의 최종후보로 선출된 점은 미국의 예비선거에서 워싱턴 아웃사이더들의 백악관 입성과 병렬적 비교가 가능하다. 아울러 국민참여경선제의 도입은 17대 총선에서 신진세력을 대거 국회로 입성케 하였다.

포괄성 확대개혁의 두 번째 정치적 효과는 당내 파벌 간의 경쟁적 동원효과와 그로 인한 정당활동가들의 영향력 감소였다. 영국 노동당의 경험과 비교 가능한 한국사례는 열린우리당의 포괄성 확대 개혁과정으로 16대 대선 이후 열린우리당으로 진입한 노사모와 개혁당은 아래로부터 자발적으로 당비를 납부하며 일당원일표제를 주장하는 적극적 정당활동가 그룹을 형성했었다. 그러나 17대 총선당시 열린우리당의 적은 당원수를 고려했을 때 OMOV의 채택은 불가능한 것이었고, 따라서 일반유권자들이 참여하는 국민경선제로 선거를 치를 수 밖에 없었다. 그러나 당권파들은 열린우리당의 공직후보선출제도와 관련해서 중앙당의 권한으로 전략공천 권한을 유지했었고, 이는 참여정치연구회 등 당내 적극적 활동가들과 대립될 수밖에 없었다. 진성당원제와 지지자중심의 정당제로 진행된 당내 파벌 간의 경쟁은 2005년 4월 전당대회 및 4월 30일 재보궐선거를 통해 표출되었다. 특히 4월 전당대회를 통해 문제시되었던 종이당원 동원사례는 포괄성 확대를 이용한 당내 파벌들의 경쟁적 대중동원의 결과였고, 이 과정을 통해 참정연 등 당내 적극적 활동가그룹의 영향력은 감소할 수밖에 없었다. 포괄성의 범주를 둘러싼 당내 파벌 간의 갈등양상은 10월 26일 재선거를 기점으로 다시 표면화되었는데, 기간당원의 자격 완화문제가 갈등의 핵심이었다. 다시 말해 포괄성의 범위는 당권과 후보선출권을 둘러싼 당내 계파 간의 권력투쟁의 도구로 작용하고 있는 것이다.

지금까지 카르텔 정당의 포괄성 확대 개혁의 정치적 효과를 비교정치적 관점에서 한국사례를 통해 살펴보았다. 그러나 이 글은 자료수집의 한계로 인해 정당응집성에 미친 국민참여경선제의 정치적 효과를 살펴보지 못했다. 이는 추후과제로 남기고자 한다. 아울러 정당반응성의 영역에서도 정확한 데이터와 자료수집을 통한 분석보다는 기존 미디어에 알려진 집합자료와 언론기사 등을 토대로 재구성하는 형태였기에 분석의 과학성이 높은 수준을 유지하지 못했음을 고백해야 할 것 같다. 그럼에도 불구하고 이 글은 포괄성 확대가 가져올 수 있는 부수적 효과에 대한 이론적 · 경험적 맥락을 짚어봄으로써 추후 정당개혁의 과정에서 진지하게 고민해야 하는 과제를 던지고 있다고 판단한다.

결론적으로 아래로부터의 참여와 시민사회와의 역동적인 의사소통 구조의 확보라는 정당민주화 차원에서 진행된 포괄성의 확대개혁은 한편으로 정치적 외부자의 진출을 증대시켜 전통적으로 유지해오던 정책이념과 정당충성도를 희석시킬 가능성과 동시에 포괄성의 범위를 둘러싼 당내 파벌 간의 권력경쟁을 부추긴다는 부수적인 정치적 효과를 발생시킴을 한국의 사례로 보여주고 있다. 이러한 현상은 카르텔 정당이 개방형으로 탈바꿈할 경우 대중정당보다 민주적이지 못한 정당 엘리트들의 권력 강화로 귀결될 수 있음을 시사하는 것이라 하겠다. 따라서 포괄성 확대 개혁을 염두에 둘 경우 이것이 가져올 정책이념과 정당충성도 희석효과를 어떻게 예방할 것인가를 진지하게 고려해야 한다. 아울러 포괄성의 범위를 둘러싼 당내 파벌 간의 권력투쟁을 예방하기 위해 게임의 규칙에 대한 심각한 고려가 필요하다 하겠다.

참고문헌

강원택. 2003. "영국의 정당 민주주의: 형성과 변화."『사회과학연구』11: 7~36.

김영태. 2004. "17대 국회의원선거의 공천제도와 공천과정: 지역구 후보공천을 중심으로."『한국정당학회보』3-2: 107~124.

모종린 · 전용주. 2004. "후보경선제, 본선경쟁력, 그리고 정당민주화: 2002년 6 · 13 기초자치단체장선거를 중심으로."『한국정치학회보』38-1: 233~253.

박찬표. 2003. "한국 '정당민주화론'의 반성적 성찰: '정당민주화' 인가 '탈정당' 인가?"『사회과학연구』11: 137~164.

이현출. 2004. "초선의원의 공천과정."『의정연구』18: 5~36.

신명순. 1996. "정당의 조직." 윤영석 · 신명순 · 심지연 편,『한국정당정치론』. 법문사: 109~143.

심지연. 2004.『한국정당정치사: 위기와 통합의 정치』. 서울: 백산서당.

심지연 · 김민전. 2002. "한국정당의 수입구조연구: 1997~2000년도 정당 회계 보고자료를 중심으로."『한국과 국제정치』18권 3호: 151~186.

열린우리당. 2004. "공직후보자자격심사위원회 활동보고."

장 훈. 2003. "카르텔 정당체제의 형성과 발전: 민주화 이후 한국의 경우."『한국과 국제정치』19-4: 31~59.

전용주. 2004. "17대 총선과 후보자 공천과정." 한국정치학회 추계학술회의 발표논문.

정영국. 2000. "한국정당의 지구당 조직과 기능: 문제점과 대안."『한국과 국제정치』16권 1호: 225~249.

최장집. 2002.『민주화 이후의 민주주의』. 서울: 후마니타스.

Bille, Lars. 2001. "Democratizing a Democratic Procedure: Myth or Reality?: Candidate Selection in Western European Parties, 1960-1990." *Party Politics* 7: 363~380.

Crotty, William, and John S, Jackson III. 1985. *Presidential Primaries and Nominations*. Washington, D.C.: CQ Press.

Duverger, Maurice. 1954. Political Parties: *Their Organization and Activity in the Modern State*. London: Methuen.

Fenno, Jr., Richard F. 1978. *Home Style: House Members in Their Districts*. HarperCollins Publishers.

Hopkin, Jonathan. 2001. "Bringing the Members Back In?: Demcratizing Candidate Selection in Britain and Spain." *Party Politics* 7: 343~362.

Katz, Richard S. 2001. "The Problem of Candidate Selection and Models of Party Democracy." *Party Politics* 7: 277~296.

Katz, Richard S, and Peter Mair. 1995. "Changing Models of Party Organization and Party Democracy." *Party Politics* 1: 5~28.

Kessel, John H. 1992. *Presidential Campaign Politics*. Pacific Grove, CA: Brooks/Cole Publshing Co.

Kirchheimer, Otto. 1966. "The Transformation of West European Party Systems," in Joseph Lapalombara and Myron Weiner eds. *Political Parties and Political Development*. Princeton: Princeton University Press.

LeDuc, Lawrence. 2001. "Democratizing Party Leadership Selection." *Party Politics* 7: 323~342.

Mayhew, David R. 1974. *Congress: The Electoral Connection*. New Heaven, MA: Yale University Press.

Norris, Pippa, and Joni Lovenduski. 1995. *Political Recruitment*. Cambridge, UK: Cambridge University Press.

Pennings, Paul, and Reuven Y. Hazan. 2001. "Democratizing Candidate Selection: Causes and Consequences." *Party Politics* 7: 267~276.

Rahat, Gideon and Reuven Hazan. 2001. "Candidate Selection

Methods: An Analytical Framework." *Party Politics* 7: 297~322.

Sartori, Giovanni. 1976. *Parties and Party Systems: A Framework for Analysis*. Cambridge, UK: Cambridge University Press.

Stark, Leonard. 1996. *Choosing A Leader: Party Leadership Contest in Britian from Macmillan to Blair*. London: Macmillan.

Webb, Paul. 1994. "Party Organizational Change in Britain: The Iron Law of Centralization?" in Richard S. Katz and Peter Mair, eds. *How Parties Organize: Change and Adaptation in Party Organization in Western Democracies*. London: Sage.

Part 5

전자민주주의(tele-democracy) 구현을 통한 참여민주주의 기반 확충

정현백(연세대학교 국가관리연구원)

전자민주주의(tele-democracy) 구현을 통한 참여민주주의 기반 확충

Ⅰ. 새로운 시대의 도래: 거버넌스와 정치

정보화는 더 이상 낯설거나 새로운 화두가 아니다. 누구나 이것에 대한 막연한 생각이나 이해를 할 수 있다는 의미다. 그럼에드 불구하고 정보화와 관련된 많은 주제가 여전히 사회적 관심은 믈론 지적 호기심을 자극하는 데는 나름대로의 이유가 있는 듯하다. 그만큼 정보화가 지닌 마력이 큼을 의미하기도 한다. 즉 정보화는 정치와 경제, 사회, 문화 등 우리의 생활과 관련된 모든 영역에서 새로운 변화의 동인으로 작용하고 있다.

특히 정보통신기술의 발달에 기인한 급속한 정보사회로의 진입[1]은

1 정보화 내지 정보사회로의 변화를 이전의 자본주의 사회와 구분하면서 사회구성체의 전환이라는 보다 거시적인 관점에서 비판적으로 분석하려는 시도(박동진 2000)도 있다. 물론 정보화에 따른 사회적 혜택이나 편익의 증가보다 또다른 문제해결이 요구되

정치이데올로기 및 정부의 역할에 대한 새로운 가치판단의 기준을 요구하게 되었다. 포스트모더니즘 이후 신자유주의의 확산과 신제도주의에 대한 관심 등이 거버넌스라는 신조어를 만들어내면서 기존의 중앙집권적이고 권위적인 통치와 지배중심의 관리에서 사회구성원 내지 시민을 중심으로 한 자율을 중시하는 새로운 국정운영과 기술양식을 강조하기에 이르렀다. 즉 정치체제 내지 통치원리로서 민주주의에 대한 전통적인 이해범위를 뛰어넘는 새로운 민주주의 개념이 요구되고 있다. 정보화에 따른 정보기술과 전자적 매체의 다양성은 사회 내 의사결정구조의 변화, 즉 의사결정과정에의 참여 증대 및 다양한 이해관계를 가진 정치적 집단간의 공론화를 가능케 하여 참여민주주의가 내실을 기할 수 있는 계기를 제공하였다. 거버넌스를 강조하는 새로운 국정관리가 정상적으로 기능하기 위해서 정보화를 근간으로 하는 전자민주주의[2]는 현대사회에 있어

는 사회적 비용을 발생시키는 다양한 역기능적 측면이 없는 것은 아니나 기술결정론적 시각에서의 정보사회의 어두운 측면(dark side)－정보의 생산과 유통에 있어서의 불평등과 관련된 정보격차(digital divide) 및 프라이버시와의 갈등 등－만을 부각시키는 논의도 정보화의 미래를 예견하는 데 바람직한 것은 아니다.

2 전자민주주의에 대한 표현과 수사는 다양하여 개념정립에 많은 혼란과 어려움을 야기한다. 정보화에 따른 전자매체의 다양성을 반영하여 전통적 개념의 민주주의를 대체 내지 보완하는 전자민주주의의 속성을 정확히 규명하기 위한 시도는 democracy를 수식하는 용어의 다양성으로 나타나고 있다. 가장 일반적으로 인용되는 용어는 tele-democracy이긴 하지만 사람에 따라 tele 대신 electronic 또는 단순히 이를 줄여 e만을 붙여 e-democracy(Roland Traunm ller & Klaus Lenk, 2002)라고 하기도 하며 이외에 정보기술환경의 특성을 반영하여 digital 또는 on-line, cyber(Douglas Holmes, 2001), net 등 매우 다양한 수식어가 동원되기도 한다. 보다 자세한 논의는 전자민주주의에 대한 개념을 설명하는 곳에서 하기로 한다. 특히 on-line democracy에 대해서는 Stephen Coleman의 영연방 시민 온라인 민주주의를 참조하라(원성묵 · 김장현 역; G7 GOL 운영위원회, 1999: 186-193).

필요조건이 되고 있다. 정보에의 자유로운 접근과 공유[3]를 통한 민주적 의사결정절차의 확립을 위해서 전자민주주의가 기여할 수 있는 여지는 그 어느 접근방법보다도 설득력이 있고 효과적이다. 정보사회에서 시민의 역할은 그 어느 때보다 중요하다. 이러한 시민의 역할에 힘을 실어줄 수 있는 새로운 국정운영의 방식이 전자민주주의[4]이다.

전자민주주의에 대한 필요성은 기술적 측면(공급요인)과 사회적 측면(수요요인)에 의해 설명할 수 있다. 인터넷의 출현과 함께 세계에서 유례없는 초고속통신망의 구축을 통한 인터넷 이용의 저변확대 및 첨단 이용기술의 주도라는 IT강국으로서의 우리의 정보환경은 전자민주주의에 대한 관심을 불러일으키기에 충분한 기술적 기반을 갖추고 있다고 할 수 있다. 특히 전자적 투표(tele-voting)방식과 상호작용성의 특징을 가진 새로운 정보기술은 중요 정책결정과정

---

3 언제 어디서나 시간과 공간의 제약을 뛰어넘는 통신상의 혁명이라 할 수 있는 유비쿼터스(ubiquitous)시대의 도래는 정보화에 따른 정보이용과 접근에 있어서의 혁신적 기회의 확대라는 이점을 제공해 주기도 하였지만, 정보 생산자와 이용자간 처리 · 유통과정에서의 정보해득력의 차이로 인한 정보격차(digital divide)는 정보사회에서의 정보불평등이라는 또 다른 문제를 초래하였다. 이러한 정보격차는 개인간의 정보격차만이 아니라 국가간 정보격차를 포함하기 때문에 정보주권의 문제로 이어질 수 있다는 데 그 심각성이 더해진다.

4 후술하겠지만 전자민주주의와 전자정부는 근본적으로 구분해서 이해할 필요가 있다. 사람에 따라 전자정부의 하위개념 내지 구성인자로서 전자민주주의를 설명하는 사람도 있고(권기헌, 2003: 365~371; 임광현, 2004: 1~25) 전혀 다른 차원의 문제로서 논의하는 사람도 있다(박동진 2000). 물론 이러한 입장도 뚜렷이 구분되어 나타나는 것은 아니다. 이 글에서는 일단 서로 관련성이 있으면서도 구현수단 내지 목적 등에 있어 차이가 있는 것으로 그 개념을 구분해서 사용하기로 한다.

에 있어 국민의 직접 참여를 용이하게 하였다. 그러나 정보기술의 발달이 전자민주주의 출현의 필요충분조건이 되지는 않는다. 즉 정보기술이 전자민주주의를 가능하게 하는 하나의 전제조건을 충족하고는 있지만 이것만으로 전자민주주의가 자동적으로 이루어지는 것은 아니다. 이것은 전자민주주의의 필요성에 대한 사회적 필요성 내지 인식의 중요성이 동원되어야 함을 의미한다. 민주정치에 있어 참여의 가치에 대한 중요성 제고는 물론 시민의 역할과 정부의 관계변화와 같은 시민사회(civil society)의 성숙이 함께 이루어져야 하기 때문이다. 대의민주주의가 가지는 한계를 극복하고 정부의 정책수행능력에 대한 회의 등은 새로운 공공관리방식을 요구하게 되었다. 시민과 정부 간 이러한 사회적 커뮤니케이션을 이용한 정치적 상호작용의 중요성이 부각되면서 전자민주주의에 대한 관심이 나타나기 시작했다. 즉 상호작용성에 기반을 둔 커뮤니케이션과 시민의 수요(needs)에 대응한 적극적 국가관의 요구는 전자민주주의의 필요성을 증대시켰다.

정보화는 간접민주주의가 지배적이었던 기존의 전통적 정치참여방식에 많은 변화를 가져왔다. 특히 전자민주주의는 이러한 새로운 참여형태의 대표적 선두주자로 많이 인용되고 있는 사례 중의 하나가 되고 있다. 정보기술과 통신망을 활용한 주권자로서 시민의 직접적 정치참여활동을 의미하는 전자민주주의는 다양한 참여채널의 보장을 통한 민주주의의 발전과 진보적 민주제도의 정착에 많은 이점을 지니고 있다. 정부의 중요한 정책결정과 적극적인 정치활동의 참여를 통해 시민의 정치에 대한 관심을 제고시키고 정치과정어 대한 민주적 통제를 통해 정치의 질과 수준을 업그레이드할 수 있다는 측면에서 전자민주주의가 강점을 지니고 있는 것은 분명하다. 정치를 포함한 공공부문이 세계화의 과정에서 경쟁력을 갖추고 시민의 지지기반 위에서 신뢰성을 갖추기 위해서는 시민의 적극적이고 능동적인 관심과 참여를 보장하는 전자민주주의가 긴요하다.

그러나 아직 우리 사회에는 전자민주주의의 개념이나 내용, 실현을 위한 구체적 방법과 추진전략, 적용범위 등에 대한 인식이 정립되어 있지 않다. 따라서 전자민주주의의 본질을 이해하고 참여민주주의의 기반 확충을 통해 시민을 위한 시민중심의 사회가 정착될 수 있도록 올바른 전자민주주의 실천방법에 대한 공감대를 모색하여야 할 뿐만 아니라 전자민주주의가 가져올 수 있는 다양한 정치 사회적 변화에도 유연하게 대응할 수 있도록 한국적 전자민주주의의 표준을 마련할 필요가 있다.

II. 전자민주주의의 의의

1. 개념

전자민주주의에 대한 활발한 논의에도 불구하고 이에 대한 개념적 통일은 이루어지고 있지 않다. 여기에는 전자민주주의의 속성에 대한 이해의 다양성에 기인하는 측면도 있지만 전자민주주의의 내용과 한계에 대한 서로 다른 입장의 차이 때문이기도 하다.

일반적으로 인터넷 공간에서 일어나는 정치에 관련된 활동들을 '인터넷 정치' 좀 더 정확한 표현으로 '전자민주주의' 라고 한다. 전자민주주의는 "정보통신 기술을 통한 전자적 공간에서 구현되는 민주주의, 그리고 좀 더 나아가서는 더 많은 민주주의에 대한 요구를 통해 궁극적 민주주의의 달성을 위한 것"(박동진, 2000: 10)을 의미한다고 볼 수 있다. 전자민주주의를 컴퓨터를 매개로 하여 발생하는 커뮤니케이션이라는 관점으로 봤을 때 '컴퓨터 매개 정치 커뮤니케이션(Computer-Mediated Communication)' 이라는 개념은 주목할 만한 것이다. 또한 정보통신 기반을 이용해 일반 국민의 정치참여율을 높이고 정치참여에 따른 비용을 줄여 직접민주주의를 실현하는 민주주의를 의미하기도 한다. 여기에서의 정보통신기술이란 일반 국민의 직접민주주의를 실현할 수 있는 토대를 마련함으로써 대의민주주의의 한계를 극복하고, 정치참여에 대한 개인적 · 사회적 거래비용을 줄이며, 일반 국민이 정보화를 통해 정치권력을 감시할 수 있다. 인터넷을 통한 여론 수렴, 선거 캠페인 및 홍보, 온라인 투표, 사이버 국회, 전자공청회, 정책결정에 따른 시민의 참여 및 토론, 여론 조사 등 일련의 정치적 행위가 모두 전자민주주의에 포함된다.[5]

한편, 전자민주주의를 정부내 공공참여의 정도와 질을 강화시키기 위한 새로운 정보기술환경에서의 형태로서 파악하면, 적극적 시민 개념의 확대를 통한 직접 민주주의의 가능성 증대라는 차원에서 전자민주주의는 시민들이 정보통신기반을 이용하여 온라인 토론, 선거, 투표 등을 통해 직접 정부의 의사결정과정에 참여하고 적극적인 정치활동을 가능하게 하는 보다 직접적이고 참여적인 정보사회의 민주주의를 의미한다. 즉 시민과 정책결정자간의 정보교환을 활성화시키기 위한 수단으로서, 시민들간의 직접적인 토론과 의사교환을 위한 민주적 관행인 마을회의(town meeting), 직접적 형태의 국민발의, 국민투표, 국민소환 등과 간접적 형태인 선거 등을 포함하여 시민에 대한 정보제공과 피드백 기능의 증진과 개선, 확장을 위해 정보기술을 사용하는 것(Becker & Scarce, 1987; 김성태, 2003: 77에서 재인용)과 같이 기능적 관점에서 정의하기도 한다. 이와 비슷한 입장에서 대의민주주의제도를 좀 더 참여적인 민주주의로 변

---

5 그러나 전자민주주의가 내세우는 인터넷 투표는 투표권의 남용 및 이에 따른 조작을 할 수 있다는 가능성과 정보화에 앞선 사람만을 위한 정치가 될 수 있다는 점, 그리고 여론이 여과되지 않은 채 정치과정에 투입되어 衆愚민주주의 혹은 暴徒정치가 될 가능성, 즉 사이버 포퓰리즘(cyber populism) 등은 또 다른 문제점이 지적될 수 있다.

화시키기 위한 시도로서 전자민주주의란 정보와 커뮤니케이션 기술(ICT)을 의제설정(agenda setting)과 우선순위 결정, 중요정책 수립과 수행과정의 참여를 위해 사용하는 것으로 파악하는 사람도 있다(Keskinen, 1999: 178~185).

그러나 전자민주주의가 가지고 있는 두가지 측면, 대의민주주의 보완과 시민을 포함한 정책과정에의 더욱 광범위한 참여를 보장하는 직접 민주주의의 완전실현이라는 관점에서 균형적으로 이해하려는 시도(김성태, 2003; 박동진, 2000)가 주목할 만하다. 즉 대의제 민주주의를 보완하거나 민주주의를 왜곡하고 있는 부분을 은폐하려는 전략으로, 다른 한편으로 대의제를 받아들이면서 참여민주주의를 실현하고자 하는 정치개혁적 논술로 받아들이는 입장이 설득력이 있다.

이 글에서는 이러한 균형된 시각에서의 개념정의를 받아들이고 전자민주주의가 가진 내용과 한계를 되짚어보고자 한다.

2. 전자민주주의의 유형 및 구현방식

전자민주주의가 가지는 기능적 장점을 살리기 위한 다양한 실현방법을 중심으로 그 유형이 구분된다. 인터넷을 기반으로 한 전자적 커뮤니케이션이 이루어지는 양태인 정보의 유통형태 및 참여방식

에 동원되는 다양한 전자적 수단에 의해 분류할 수 있다[6]

1) 정보유통형태

(1) 정보제공형

정치와 관련된 정보를 효과적으로 전달하는 기능을 강조하는 것으로서, 정치적 쟁점과 관련된 뉴스, 의견, 토론자료를 제공하는 것이 주목적이다. 이를 위해서는 정치적 관심을 고양하기 위해 정부가 제공하는 정보에 쉽고 빠르게 접근할 수 있어야 함은 물론이다. 왜냐하면 주요 정책정보에 대한 공개를 통해 시민들의 정치적 관심을 촉발하고 이것이 참여의 확대에 기여할 수 있기 때문이다. 그러나 실제 정보의 제공에 있어 정부는 여전히 소극적이며 정책실패에 대한 비판의 단초가 될 여지를 사전에 차단하려는 의도를 가지고 최소한의 정보만을 제공하려는 유인이 강하다. 따라서 시민의 적극적 참여를 요구하기보다는 수용자에게 유용한 정치적 내용물을 제시해주고 그 내용물을 바탕으로 정치적 의사결정에 한 발 더 다가설 수 있도록 정보가 제공되어야 함에도 불구하고 정부가 수행한 성과를 홍보하기 위한 일방적 정보전달이 중심이 되는 경향이 있다. 이러한 정보제공의 행태는 정보제공을 통한 여론형성 및 주도보다는 정치적 성과에 대한 홍보나 정치적 이벤트로 활용되고 있으며 그나마도 시간적 효과성을 상실한 시효가치가 없는 정보가 대부분이다.

---

6 앞에서 인용한 김성태 및 박동진의 글을 중심으로 수정 · 재정리함.

전자민주주의의 순기능을 기대하기 위해서는 일방적 정보 '제공' 이라는 측면보다는 정책과정에의 실질적 참여를 보장할 수 있도록 시민과 정부간 상호작용적 정보' 공유' 에 더 많은 관심을 기울여야 할 것이다.

(2) 의견수렴형

이용자인 시민들에게 일방적으로 의견을 올리도록 하고 그것을 정책에 반영하는 것으로 가장 소극적인 정치참여를 유도하는 형태이다. 이것은 선거기간에 여론동향을 살피기 위해 동원된 방법으로 최근에는 정치활동에 도움이 되는 정보를 수집하기 위해 단순히 여론을 수렴하려는 소극적 방법을 활용하는 경우는 극히 드물다.

(3) 투표형(on-line poll)

의견수렴형을 좀 더 적극적인 형태로 발전시킨 것이 투표형인데 시민의 정치참여를 촉진시키기 위해 투표행위를 온라인화를 통해 일상적인 정책결정과정에 시민들이 직접 참여할 수 있도록 하는 것이다. 흔히 전자투표라고 하는 것으로 전자적 단말기를 통해 투표에 참여하여 전자투표를 공공정책에 반영하려는 방법이다. 그러나 전자민주주의가 단순한 참여민주주의 수준을 넘는 정보사회에서의 민주주의의 실질적인 회복을 의미한다면 전자투표에 대한 과도한 환상은 금물이다. 인터넷을 통한 공적 투표가 전자적 공간을 통해 많은 참여를 유발할 수 있을지는 몰라도 절차적 민주성 확보라는 측면에서 참여 확대만을 민주주의의 완성을 의미하는 것이라고 볼 수 없다. 전자민주주의가 내실 있게 정착되기 위해서는 그 결과로서 결정된 사안의 내용적 민주성도 함께 담보되지 않으면 의미가 없을 것이다.

(4) 정보교환형(대화형)

전자적 공론의 장으로서 정보교환형 전자민주주의가 갖는 의미는 크다. 이것은 토론을 통한 의견수렴을 중시하는 것으로 정보통신매체를 통해 정치적 쟁점에 대한 시민들간의 대화와 토론을 활성화시키며 정책결정과정에 간접적인 참여를 유도한다. 이것의 전형적인 예가 온라인 행정상담 · 문의제도로서 시민들이 특정사안에 문의하고 정부관계자가 답변을 해주는 것이다. 시민들이 각 부처의 업무와 관련된 행정규제사항이나 법령, 민원절차, 혹은 일반적인 현황 정보나 기타 궁금한 사항들을 묻게 될 경우 이에 대해 담당부서에서 답변하는 형식으로 정부/시민간 가장 활발하게 상호작용적 의사소통이 이루어지고 있는 분야다(김석주, 2001: 151~152). 그러나 웹상의 온라인 상담창구, 공개토론실과 자유게시판, 대화방, 최고책임자와의 전자우편을 통한 대화, 정책포럼에 대한 시민들의 참여 등을 활용한 대화형 전자민주주의 방식은 전자적 공간에서의 쌍방향 · 다자간 대화기능이라는 측면에서 보았을 때, 민주적이며 전자적인 공론을 형성하면서 민주주의의 새로운 변신을 시도할 수 있는 최소한의 공간일 뿐 이것만으로 직접민주주의의 실현이 이루어졌다고 하는 것은 문제가 있다. 왜냐하면 대화를 통한 정치적 비판에 대한 수용정도 및 자유로운 의견개진이 얼마나 허용될 수 있느냐의 문제와는 다른 차원이기 때문이다.

2) 참여방식

(1) 전자투표 내지 인터넷에 의한 투표(electronic vote)

전자민주주의가 대의민주제의 보완 내지 직접 민주제의 실현이라는 기능을 발휘하기 위해서는 시민들이 중요한 정책현안에 대해 직접 투표로 결정할 수 있는 시스템이 갖추어져 있어야 한다. 즉 시간과 공간과 같은 물리적 제약을 받지 않고 투표를 통해 정책결정과정에 참여함으로써 시간과 경비 절감차원에서 아주 효율적인 정치참여도구를 제공한다. 또한 이것은 투표현장에 직접 가서 그곳에서 제공되는 전자적 단말기나 전자투표카드를 통해 참여하는 좁은 의미의 전자투표와 인터넷이라는 거대한 통신망을 통해 연결된 온라인의 시 · 공간적 장점을 활용하여 실시간으로 투표하는 보다 넓은 의미의 인터넷 투표로 구분할 수 있다. 그러나 전자투표가 안전하고 신뢰할 수 있는 것이 되기 위해서는 기술적으로 해결해야 하는 많은 문제들이 남아 있다. 투표자 본인 여부를 확인할 수 있어야 하고(voter authentication)[7] 투표결과의 신뢰성을 검증할 수 있어야 하며(vote integrity), 정보통신기기의 조작이나 해킹과 같은 네트워크

7 본인 인증절차로서 PKI와 같은 암호화기법이 동원된다.

침입행위를 차단할 수 있어야 한다(vote reliability). 또한 투표자체에 대한 비밀이 보장될 수 있어야 할 것이다(vote privacy). 그러나 이러한 기술적 문제는 PET(privacy enhancement technology)와 같은 정보보호기술의 발전에 의해 얼마든지 해결이 가능하므로 전자투표에 대한 시민들의 인식 확산 및 정책결정과정에 전자투표를 통한 참여확대가 무엇보다 중요하다.

(2) 전자주민회의(electronic townhall meeting)[8]

앨빈 토플러가 제3의 물결(the third wave)이라는 그의 저서에서 미래의 직접민주주의의 가능성에 대한 최초의 가장 원시적인 징후에 불과하다고 한 전자주민회의는 전자민주주의의 이상을 실현할 수 있는 원형으로 제시되고 있다. 이것은 웹사이트나 화상회의시스템 등을 통해 시정과 관련된 중요 쟁점사안들에 대해 주민들이 온라인 토론과 투표가 이루어질 수 있도록 함으로써 실제 현장에서의 회의와 똑같은 효과를 거둘 수 있다는 장점이 있다. 그러나 이러한 전자회의시스템이 제대로 실현되기 위해서는 주민들의 참여와 전자회의가 효과적으로 이루어지기 위한 적절한 규모에 대한 사전조사가 수반되어야 한다.

---

8 박동진은 이를 전자공회당으로 번역하고 있다.

(3) 온라인 공청회(on-line public hearing)

온라인 공청회제도는 네트워크가 제공하는 기술적 장점에 의해 시간과 공간적 제약을 극복할 수 있고 참석자들에게 경비부담을 줄여줄 뿐만 아니라 소수자의 주장이나 의견까지도 논의의 대상에 포함될 수 있는 여러 가지 이점을 가지고 있다. 즉 유즈넷 뉴스그룹이나 화상회의 기능 등을 통해 다수 대 다수간의 토론이 가능하므로 공청회에서 논의될 의제와 관련된 많은 이해관계인들(stakeholders)의 활발한 참여를 기대할 수 있다. 그러나 공청회에서 다루어져야 할 주제와 전혀 관계없는 무분별한 의견개진에 대해 이를 적절히 규제하거나 사전에 여과할 수 있는 장치가 마련되어 있지 않을 경우 정책결정이나 문제해결을 위한 결론보다 단순한 의견교환의 시장이 될 가능성도 배제할 수 없다. 즉 생산적이고 건전한 담론을 유도하기보다는 특정 이익만을 경쟁적으로 주장하는 비효율적인 회합으로 끝날 위험도 있다.

(4) 전자의정보고(targeted mailing)

이것은 정부나 정치가들이 웹상의 홈페이지를 통해 그들의 대상집단에 대해 전자적으로 홍보하는 것을 의미하는데 전자의정보고를 통해 정책이나 의원들에 대한 정보 제공 및 홍보가 이루어짐으로써 지지를 획득하고 정책집행의 성공가능성을 제고하며 정책집행 결과에 대한 보고를 통해 국민의 의견을 수렴하고 더 나은 정책대안을 제시할 수 있다. 대상이 되고 있는 집단에 대해 전자우편이나 게시판을 통해 정책정보를 제공하고 홍보함으로써 지지기반을 넓히는 것은 물론 새로운 정책대안을 탐색함에 있어 그들의 의견을 수렴함으로서 선택된 대안이 성공적으로 집행될 수 있는 여건을 조성한다. 그러나 전자의정보고는 정보제공형 전자민주주의에서 보았듯이 정보제공자의 입장에서 유리하고 선호되는 정보만이 대상집단에게 일방적으로 유통될 가능성이 많기 때문에 오히려 올바른 정책대안의 선택에 걸림돌로 작용할 가능성도 상존한다.

(5) 인터넷 여론조사(e-polling)

인터넷을 이용한 조사는 시간과 비용을 절감시켜줄 뿐만 아니라 조사대상 범위의 확대라는 측면에서 많은 강점을 지닌다. 즉 인터넷 기반의 온라인 서베이는 인터넷 접속이 가능한 시민이면 누구나 시간과 장소에 구속받지 않고 실시간으로 참여할 수 있어 주민참여의 폭을 확대할 수 있으며 자발적인 조사참여에 의해 조사에 소요되는 추가적 비용부담도 거의 없다. 그러나 온라인의 특성상 조사대상이 되는 표본집단의 선정에 있어 치우침(bias)이 생기지 않도록 참여대상을 다양화할 수 있는 조치가 마련되어야 정확하고 신뢰할 수 있는 결과를 기대할 수 있다. 즉 인터넷 조사의 유효성을 담보할 수 있는 참여범위 크기 및 선택에 대한 세심한 배려가 필요하다.[9]

9 조사의 신뢰성과 정확성을 높이기 위해서는 표본집단의 선정과정에서부터 치밀한 설계가 이루어져야 한다.

(6) 온라인 공람제도

온라인 공람제도는 도시계획이나 개발과정에서 많이 활용되고 있는 주민참여방식으로 입안된 도시계획의 목표나 대상지역, 내용 등에 대해 이해관계가 있는 해당지역 주민들이 알기 쉽게 간결한 문장이나 도표, 지도 등을 이용해 볼 수 있게 함으로써 주민들과의 대화와 관심을 유도할 수 있는 방법이다. 웹기반의 공람제도는 온라인[10]이 제공하는 시간적 공간적 제약의 문제를 해결할 수 있기 때문에 정부정책과 관련된 현안이나 계획에 대한 내용은 시민들이 해당사이트에 접속하는 것만으로 확인할 수 있다. 따라서 정보제공과 홍보의 효과 외에도 후술한 전자청원제도에서 기대할 수 있듯이 자신의 이해와 관련된 사안에 적극적으로 의견을 개진할 수 있는 기회를 제공해준다는 차원에서도 의미를 지닌다.

(7) 전자청원제도(electronic petition): 웹을 통한 의정참여(e-particpation)[11]

대의민주주의가 가지는 맹점 중 하나가 바로 참여의 배제 내지 제한으로 인한 정치적 무관심이라 할 수 있다. 그러나 인터넷에 의한 정치적 관심사안 및 주요 정책결정과정에 대한 참여기회의 확대는

---

10 정보통신기술의 발달에 따라 이루어진 네트워크의 혁명에 의해 언제 어디서나 원하는 정보에 쉽게 접속할 수 있는 유비쿼터스 환경이 잘 갖추어질 경우 시 · 공간적 제약이 초래하는 문제는 쉽게 극복할 수 있다.

11 사실 엄밀히 말해 전자청원(e-petition)과 인터넷을 통한 정치참여(e-participation)은 서로 구분되어야 하지만 여기서는 정치적 의사결정과정에의 참여를 보장한다는 의미에서 같이 논의하였다.

새로운 참여민주주의의 기틀을 제공해 주고 있다.

전자청원은 웹기반의 도구로서 전자적 형태를 띠는 정보를 배경으로 이해관계 및 의견을 전자적 형태로 요구하는 것이다.[12] 정부와의 협력적 토대 위에서 기능하는 C2G[13] 관계모형에 속하는 것으로 정책결정과정에서 시민의 적극적인 역할과 관심이 필요하다(Traunmller & Lenk, 2002: 243[14]).

인터넷을 통한 정치참여의 활성화[15]는 결과적으로 이번 노무현 정부가 들어서는 데 큰 기여를 한 셈이었다. 즉 평소 정치무관심층으로 대표되는 20~30대층이 보여준 높은 정치참여율은 인터넷이 정치적 관심의 제고 및 참여확대에 기여할 수 있다는 가능성을 확인시켜준 전형적인 예다. 그러나 인터넷 보급의 확산과 함께 이를 주로 이용하는 계층에 있어 세대간, 지역간 편중현상이 나타나고 있는 것은 참여확대와 함께 인터넷을 통한 사회적 공감대(consensus) 형성과 공정한 여론수렴에 또 다른 장애요소가 되고 있는 문제를 초래하였다. 따라서 인터넷 이용환경의 조성과 저변확대는 사회 구성

---

12 전자정부에서 가장 활발하게 이용하고 있는 전자민원처리시스템은 전자청원의 응용형태로 볼 수 있다.

13 고객지향적 모형으로서 Customer to Government간의 수평적 관계 속에서의 상호작용적 메커니즘을 강조한다.

14 OECD는 이를 active participation으로 이해하면서 정책과정에서의 시민의 역할을 강조한다.

15 전자적 국민참여의 확대를 위해 전자정부사업 가운데 모바일 및 PDA를 활용한 전자민원처리시스템과 주요 행정정보공개제도(열람을 위한 다양한 접근프로세스 제공)가 추진중에 있다(이광희, 2005: 62).

원 모두가 인터넷 이용기회에 골고루 참여할 수 있는 계층적 균등성이 전제되었을 경우 정치적 관심제고 및 이를 통한 참여확대가 바람직한 전자민주주의의 정착에 기여할 수 있을 것이다.

(8) 웹을 통한 선거운동(e-campaign)

웹사이트에 공식적 선거정보나 온라인 후보자 토론회, 선거이슈에 대한 온라인 토론의 장으로서 전자메일포럼 등은 또 다른 참여민주주의 구현방식으로 전자민주주의의 전형이 되고 있다(Holmes, 2002: 369~375). 최근에는 정치적 관심의 증대와 함께 정치적 영향력을 확대하기 위해 정치활동 내지 정책현안에 대한 지속적 참여를 강조하는 온라인 동호회로서 '노무현을 사랑하는 사람들의 모임(일명, 노사모)' 처럼 인터넷 매체의 장점을 살려 특정 정치인에 대한 지지자들의 자발적 활동이 현실 정치에 상당한 영향을 미쳐 관심을 집중시킨 바 있다. 이처럼 온라인이 가지는 매력은 정치적 활동과 선거운동에도 지대한 영향을 주고 있기 때문에 웹캠페인이 전자민주주의의 발전에 기여할 수 있는 여력은 우리의 상상범위를 초월할지도 모른다. 그러나 웹을 통한 정치적 활동이 특정인을 비방하거나 흠집내기와 같은 사이버폭력으로 이어질 경우 오히려 건전한 정치문화를 해칠 위험성도 있으므로 경쟁자에 대한 공격목적보다는 정견발표 및 지지세력 확산을 위해 운용될 수 있도록 이용자의 자율규제(self-regulation)를 중심으로 한 인식의 전환과 함께 건전한 정보이용환경 및 문화의 정착을 위한 제도적이고 정책적인 뒷받침이 수

반되어야 할 것이다.

Ⅲ. 전자민주주의 이해의 제관점: 찬반론

전자민주주의의 역할에 대한 기대와 회의적 시각의 대립은 아직 팽팽하다.

정보사회에 적합한 민주주의 대안적 논리로서 전자민주주의가 사회의 보편적 정치이념 내지 실천원리로서 설득력을 얻기 위해서는 많은 제한적 전제조건들이 충족되지 않으면 안 된다. 왜냐하면 전자민주주의가 대의민주주의의 단점을 치유하고 직접민주제의 가치를 실현한다는 이상이 그대로 타당하기 위해서는 인터넷과 정보통신기술을 통해 시민들이 정치적 의사결정과정에 실질적으로 더욱더 평등하게 참여할 수 있어야 하며 정부와 시민간 뿐만 아니라 정부상호간, 그리고 시민사회 상호간에도 대등한 구조속에서 상호작용적 커뮤니케이션이 촉진될 수 있어야 하기 때문이다. 즉 전자적 장비와 기술에 의해 시민들의 정치참여가 과거보다 더 활성화된다고 하더라도 시민을 중심으로 하는 직접민주주의에 의한 대의제의 대체가 아니라 기껏해야 통신매체에 의해 대의과정이 활성화된 것일 뿐(박동진 2000, 37)이기 때문이다.

새로운 정보통신기술이 시민과 정부간의 직접적인 접촉을 증가시키고 시민의 정치참여를 확대시킨 것은 분명하지만 이러한 참여절차의 확대만으로 자동적으로 민주성이 제고되는 것은 아니다. 절차적 민주성과 함께 참여를 통해 결정된 내용의 정당성이 함께 담보될 수 있을 때 진정한 참여민주주의의 목적을 달성할 수 있다는 점을 간과해서는 안 된다. 정부와 시민간에 인터넷과 같은 온라인을 통한 실시간 상호작용 관계속에서 대응성(responsiveness)과 책임성이 증대될 수 있지만 다른 한편으로 정부나 정치적 역학관계속에서 이해관계의 조작을 위한 기회도 또한 증가할 수 있다. 왜냐하면 정책과정에서 지배세력은 자신의 필요에 의해 참여의 폭과 범위, 그리고 그 내용을 결정하려고 하며, 지배계층 내지 통치권력의 수행성과를 높이기 위해 정치에 대한 참여기회를 확대시키고 정당성의 근거를 확보하기 위해 참여를 유도할 가능성이 있기 때문이다. 실제로 정치적 이해나 목적이 달성된 이후에는 더 이상 참여에 관심을 기울이지도 않을 뿐만 아니라 심지어 조직적 저항이나 반대를 제거하기 위해 참여 자체를 원천적으로 봉쇄하는 경우도 있다. 따라서 거버넌스가 강조하는 공공관리의 효율성이 제대로 실현되기 위해서는 전자민주주의에서 강조하는 참여메커니즘에 NGO를 위시한 다양한 시민사회단체와 대중매체, 정당과 시민 개개인이 모두 균형적으로 포섭될 수 있는 시스템이 마련되어야 한다. 우리는 전자민주주의의 이러한 본래적 목적이 충실히 달성될 수 있는 바람직한 기능을 최대한 살리고 전자민주주의가 의도하지 않았던, 그리고 전혀 예상하지 못했던 역기능적 현상들을 극복할 수 있는 전자민주주의의 기능에 관심을 가져야 한다.

특히 정치적 담론(discourse)이 형성되는 과정에 있어 사이버공간의 역할은 매우 중요한데 뉴스서비스를 주요 기능으로 하는 언론기관을 중심으로 한 웹사이이트와 대형 포털(portal), 정치전문 정보제공 및 상담사이트, 정당과 시민사회단체, 시민 개개인의 홈페이지 등은 다양한 정치참여의 채널을 제공하는 데 기여를 하고 있다. 따라서 실시간으로 정보가 제공되는 온라인 정치담론공간의 역할에 주목하는 것은 바람직한 전자민주주의 실현을 위한 함의를 얻는 데 유용하다.

1. 순기능

1) 의사소통체계의 개선(수평적 관점)

전자민주주의가 실현될 경우 시민과 정부간, 그리고 시민상호간 내지 정부상호간에도 토론이 활발해 질 것이며 시 · 공간의 제약이나 비용발생의 부담으로 인한 공론기회의 제약이라는 문제는 많이 해소될 것이다. 정책과 관련된 다양한 이해관계자간의 상호 실시간 의견 및 정보교류는 시민들이 정치적 쟁점사안이나 정책현안에 신속하게 접근하여 정확한 이해를 바탕으로 최선의 선택을 가능하게 할 것이다(김성태, 2003: 80). 새로운 관리전략으로서 거버넌스에서 강조하는 수평적 관계구조속에서의 시민과 정부간 상호작용의 증가는 주요 정책정보의 공유를 통한 합리적 의사결정을 가져올 수 있다. 특히 인터넷이라는 사이버공간에서 유통되는 디지털정보의 특성상 정보의 확대재생산 능력이 엄청나게 크기 때문에 전자민주주의는 순식간에 정치적 공론을 형성할 수 있는 강점을 제공할 수 있다.

2) 시민참여의 증대

전자민주주의를 통해 시민의 정치에 대한 참여기회를 대폭 증대시킬 수 있다. 전통적인 통치구조하에서는 정치과정의 메커니즘 속에서 시민의 요구가 정책적 투입으로 받아들여지는데 제도적으로 기술적으로 많은 제한이 존재하였으나 정보통신기술의 발달로 인해 이러한 제한은 쉽게 극복할 수 있게 되었다. 또한 커뮤니케이션과 정치참여 자체가 전자민주주의하에서 卽時性을 가지며 충분히 많은 시민들이 모여 토론할 장소를 확보할 수 있고 주요 정책에 대한 정보의 획득이 용이하다는 점은 시민의 정책결정과정에 있어 참여를 증대시킨다.

또한 이러한 참여의 증가를 통해 정치적 의식의 고양과 관심을 제고시킬 수 있다. 정부의 정책적 문제해결의 능력에 대한 불신은 정치적 무관심과 회의에 가득찬 시민들에게 정치문제와 정책사안에 대한 정보와 다양한 대안을 제시함으로써 최선의 정책선택 및 정치참여의식을 고취시킬 수가 있다.

다만 단순한 정치참여 기회의 확대 자체만으로 내실 있는 민주주의를 보장하지는 않는다는 점을 인식하여 전자민주주의를 통한 정치참여가 공공정책의 수립에 직접적으로 영향을 미칠 수 있고 사회적 합의를 이끌어낼 수 있어야 하며 다양한 이해관계를 수용할 수 있도록 바람직한 참여메커니즘이 확립되어야 할 것이다.

3) 정치과정에의 직접적 참여 계기 제공

전자민주주의에서 동원되는 전자투표, 전자청문회, 전자국회 등은 정치과정 내지 정책결정과정에 대한 시민들의 직접적인 참여를 촉진시킨다. 전자민주주의를 통해 시민들은 의원이나 대표자의 중재 없이도 직접 관련정책담당자들에게 접근할 수 있을 뿐만 아니라 신속한 정보의 교류와 시민 연결통신망을 통해 의견을 공론화할 수 있다.

4) 정보접근과 공유를 통한 정책지지 기반 확대

인터넷 기반하에서는 정보에 대한 접근 및 이용이 용이할 뿐만 아니라 디지털화된 정보의 속성으로 인해 추가적인 비용도 거의 발생하지 않는다. 또한 온라인을 통해 수집되는 정보량이나 범위도 매우 다양하다. 개방형 사이버공간은 자유로운 정보의 유통을 가능하게 하며 매우 저렴한 비용과 높은 효과를 기대할 수 있는 정치적 활동과 운동을 가능하게 한다. 즉 전자여론조사(on-line poll)에 의한 정치적 의견의 수렴, 전자게시판을 통한 민원처리, 전자우편에 의한 온라인 의정보고와 홍보는 전자민주주의를 통해 얻을 수 있는 비용적 효율성의 전형적인 수단이다. 전자민주주의에서 동원되는 전자게시판이나 전자우편은 정책정보의 공유와 홍보, 정치적 활동과 참여에 드는 비용을 절감시킨다.

그러나 시민들이 이러한 정보접근에 있어서 균등한 기회의 보장은 편중되지 않은 의견형성의 중요한 전제가 되어야 한다. 왜냐하면 특정 이해집단이 정보접근을 독점하게 되면 전자민주주의가 민주적 의사형성 및 참여의 걸림돌로 작용할 수도 있기 때문이다.

5) 정부의 책임성, 대응성 제고 및 정치 투명성 확보

시민과 정부가 사이버 공간을 통해 항시 연결될 수 있다는 것은 시민들이 정부활동에 대한 감시와 통제를 할 수 있고 그들의 의견과 요구를 신속하게 직접적이고 즉각적으로 정치 및 행정과정에 반영함으로써 정책의 책임성과 대응성을 높일 수 있다. 또한 정책과 관련된 주요 정보가 공개되어 정치의 투명성 제고는 물론 정책대안의 선택과 정책과정의 내용과 질을 개선할 수 있다.

2. 역기능

1) 정보의 범람과 부정확한 정보의 문제(정보여과 및 정보해득능력(information literacy))

정보의 바다라고 할 수 있는 사이버공간에서 유통되는 정보의 양은 디지털적 속성으로 인해 확대재생산이 용이하기 때문에 실로 엄청나다. 따라서 이용자가 자신에게 꼭 필요한 정보인지 얼마나 정확한 내용의 정보인지를 판단하는 것은 쉽지 않다. 또 필요한 모든 정보를 검색하는 것 자체가 시간적 효율성의 측면에서 무의미하거나 불가능하다. 이처럼 범람하는 정보가운데 시민들에게 필요한 정보를 선택하고 문제해결을 위한 정확한 정보를 검색할 수 있는 정보수용능력을 초과하는 정보들은 오히려 시민들의 올바른 판단과 결정을 어렵게 하여 참여를 제한하는 요인으로 작용될 수도 있다.

따라서 시민이 정책과정에 참여하는데 필요한 적절한 정보의 취사선택이 가능하도록 유통되거나 제공되는 정보에 대한 평가 및 정확성을 부여할 수 있는 정보여과기능이 전자민주주의 시스템내에 포함되어야 할 것이다. 결국 자신에게 필요하고 정확한 정보에 대한 선택능력을 의미하는 정보해득능력(information literacy)이 시민

전반에 확산되어 있어야 한다.

2) 정보격차(digital divide)로 인한 참여주체의 제한 문제

정보사회가 성숙되면서 이동전화 가입자 수 및 정보인프라로서 통신기반시설의 핵심이라 할 수 있는 초고속 인터넷망 가입자 수, 도메인 등록수 등 정보선진국을 능가하는 IT 강국으로서의 진면목을 보여주고 있다. 그러나 이러한 고도 정보사회의 이면에는 접속비용이나 이용기술 등에 있어서 계층간, 세대간, 지역간[16] 불균형현상이 심화되어 나타나고 있다. 즉 정보부자와 정보빈자, 정보생산자와 정보이용자 간의 불균형으로 인해 정치참여의 기회균등은 이루어지기 어려울 뿐만 아니라 이를 통한 참여의 확대도 정보이용에 유리한 위치에 있는 특정계층을 중심으로 이루어지고 있다. 이는 결국 전자민주주의를 통한 정치참여 확대의 논리가 특정 이해집단에게만 혜택을 가져다 주어 실질적인 참여에 있어 참여의 기회를 저해할 수 있다. 정보의 편중과 정보소유 및 이용능력의 격차는 정보이용에 유리한 입지를 확보하고 있는 젊은 세대 및 경제적 여유계층을 중심으로 이들의 정치적 견해가 정책과정에서 과도하게 영향을 미칠 수 있는 위험이 존재한다.

---

16 지역간 정보불균형의 문제를 치유하기 위해 다양한 지역정보화정책이 수행되고 있지만 재정적 · 사회적 요인에 의해 아직도 도 · 농간 지역적 정보격차를 해소하는 데는 여전히 미흡한 실정이다.

3) 정치적 무책임성과 정보 프라이버시 침해

익명성을 특성으로 하는 사이버공간은 독단적이고 무책임한 의견 표출과 선동으로 인해 대중적 횡포의 가능성이 있다. 사이버폭력으로 일컬어지는 이러한 기술우위의 독재는 선량한 다수의 의견을 무시하고 정치적 책임성을 훼손하는 행태로 이어질 수 있기 때문에 적절한 규제가 필요하다. 타인에 대한 근거없는 일방적 비방이나 명예훼손으로 인해 정보프라이버시가 침해될 수 있기 때문에 전자민주주의가 제공하는 다양한 참여방식에 있어서도 최소한의 기준과 원칙이 존중될 수 있도록 제도적 장치가 마련되어야 한다.

4) 무분별한 참여확대로 인한 정보인권의 침해

인터넷을 기반하의 온라인에서는 정치적 이해관계가 없는 제3자의 무분별한 행위로 인해 이해당사자가 선의의 피해를 입는 경우가 있다. 즉 정책과정에 아무런 이해관계가 없는 권한없는 제3자의 생각없는 개입으로 관련 이해당사자가 자신의 의지와 상관없이 전혀 의도하지 않은 결과에 직면하게 됨으로써 사회적 비용을 발생시킬 수 있다. 전자민주주의가 지향하는 목적은 무조건적인 정치참여의 확대가 아니라 정당한 이해관계속에서의 참여기회 보장에 있기 때문에 정책과정에 전혀 상관없는 사람의 간섭으로 인한 당사자의 피해는 그러한 이해관계에서 정당한 권한을 보장받아야 하는 정보주체의 인권을 침해하게 된다.

Ⅳ. 전자민주주의의 한계

전자민주주의의 실현가능성[17]과는 별개로 정보의 조작에 의한 정보오·남용이나 온라인 프라이버시 침해문제, 해킹이나 악성코드 등에 의한 네트워크의 불법적 침입 등 정보화에 따른 역기능적 현상과 전자민주주의에 대한 부정적 시각에서 제기된 다양한 문제들을 해소하지 않으면 전자민주주의가 참여민주주의의 기반으로서 기능하는 데 많은 한계가 있을 수밖에 없다.

1. 민주주의 이념에 내재된 문제

정치적 선택과 정책과정에 있어 이해관계자로서 또는 정치주체로서 단순한 시민의 참여보다는 이해에 얽힌 대표성을 가진 얼마나

17 임광현(2004, 12~15)은 전자민주주의의 실현가능성을 사회적 · 경제적 · 기술적 관점 및 우리나라 전자정부 추진과정을 통해 분석하고 있다. 즉 사회적 관점에서 정보의 독과점적 편재현상을 통제하고 자유로운 정보유통을 위한 정보문화 내지 환경 조성의 중요성을 주장하였는데, 특히 정보격차 해소 및 정보문맹 퇴치(정보해득능력, information literacy)를 역설하고 있다. 경제적 차원에서 전자민주주의가 성립하기 위한 기반으로서 정보화기기에 대한 수요기반 확충 및 정보화 관련 산업의 경제적 효율성 향상의 문제를 지적하였다. 기술적 관점은 전자민주주의 실현의 구체적 수단과 관련된 것으로 정보의 신뢰성과 정확성 등을 보장할 수 있는 암호화 등 인증기술과 관련된 정보통신기반기술의 확충을 강조하였다.

많은 다수가 참여했느냐는 민주주의에 내재된 관념적 가치로서 중요한 문제이다. 즉 다수에 의한 지배원리로서 민주성의 가치를 평가할 경우에도 정치적 이해와 관련된 대표적 다수의 참여가 전제되지 않고서는 진정한 민주적 가치가 실현되었다고 볼 수 없다는 것이다. 이런 차원에서 전자민주주의가 제시하고 있는 다양한 접근전략들은 다수의 대표성을 담보하는 데 아무런 기여를 할 수 없다는 한계가 있다. 전자민주주의에 의한 참여확대가 반드시 대표성의 확대로 이어진다는 보장이 없기 때문이다.

2. 전자민주주의의 본질

미래지향적 전자민주주의의 창출을 위해 정부가 정보공개를 적극적으로 추진해야 하는 것은 당연하다. 그러나 공개되는 정보의 수준과 내용에 따라 참여민주주의의 참뜻을 실현될 수 있다는 것이 중요하다. 즉 공적으로 생산되거나 획득한 정보를 안보와 국익이라는 명분으로 여과하지 않고 있는 그대로 공개할 수 있는 정치적 관용이 필요하다. 전자민주주의에서 동원되고 사용되는 정보는 특정 지배세력을 위해 봉사하는 것이 되어서는 안되고 정책 이해관계자들의 광범위하고 치우침이 없는 참여를 확대할 수 있는 공정하고 객관적인 정보이어야 한다. 건전한 정치과정속에서 정책문제를 해결하는데 필요한 모든 자원으로서 정보의 가치가 존재해야 한다.

정보공개에 있어 이러한 공평한 기준과 원칙이 마련되지 않으며 전자민주주의가 구현된다 하더라도 참여 확대를 통한 진정한 민주적 가치의 달성은 어렵다. 따라서 정부는 시민과의 관계에 있어 동등한 참여자로서 정책에 필요한 모든 정보를 객관적이고 공정하게 공개할 수 있는 메커니즘을 제공할 수 있어야 한다.

3. 전자민주주의에 대한 인식의 문제

전자민주주의로 인해 누구나 쉽게 의사결정과정에 참여하게 한다는 것이 오히려 경솔한 개인적 의견개진에 의해 민주적 공론을 형성하는 데 방해요소가 되어서는 안 된다는 것이다. 전자민주주의가 제공하는 다양한 참여의 방식은 정책과 관련된 다양한 이해관계자들의 의견을 조정하고 합리적 결정을 도출하는 데 도움이 될 수 있도록 참여자 모두 인식을 같이해야 한다. 이것은 전자민주주의에 의한 참여확대가 참여민주주의의 가치를 실현하는 데 긍정적 기능을 하기 위한 전제이기도 한다. 즉 정보통신기반기술을 활용하여 시민의 의견을 효과적으로 파악하고 수렴하기 위한 절차로서 전자민주주의가 기능해야 함을 의미한다(박동진, 2000: 75~76).

특히 정보불평등 해소를 위해 정보를 적극적으로 이용하는 정보화의식의 고취는 무엇보다 중요하다.

4. 보안기술상의 제문제

전자민주주의에서 유통 · 제공되는 정보의 신뢰성과 정확성, 접근주체의 정당한 권한 부여, 참여공간으로서 온라인 통신망에 대한 부당한 접근의 차단 등과 관련된 문제이다. 정치적 의사결정에 왜곡을 가져다 줄 수 있는 다양한 이러한 보안취약성의 문제들은 전자민주주의가 올바른 의견수렴 및 참여확대에 심각한 악영향을 끼칠 수 있기 때문에 PKI와 같은 암호화 기술 및 PET(Privacy Enhancement Technology)를 통한 본인 인증절차의 강화가 필수적이다.

V. 전자민주주의의 미래(기대와 전망): 직접민주주의 실현을 위한 대안인가?

전자민주주의의 다양한 구현방식을 통해 기존의 대의민주주의를 완전히 대체할 수는 없을 것이다. 대의민주주의 나름의 장점과 가치를 지니고 있기 때문이다. 그러나 주요 정책결정과정에서 시민에게 최소한의 정치적 참정권을 보장한다는 것은 민주주의의 본질이기 때문에 정보기술과 통신망을 활용한 전자민주주의의 실천은 대의민주주의의 개선 내지 보완을 통해 민주주의의 내실을 기하고 시민사회의 참여정신의 회복과 정치적 무관심의 극복이라는 점에서 중

대한 의미를 가진다. 즉 전자민주주의는 신속한 의사소통과 적극적인 시민의 참여를 유도할 뿐만 아니라 정책 및 주요 정치적 의사결정에 시민의 직접적 참여를 보장함으로써 정부의 책임성과 대응성의 제고는 물론 정치의 투명성을 확보하여 민주시민사회의 정착에 기여한다. 이것은 참여민주주의의 목적이며 참여정부가 지향하는 정책이념이기도 하다.

전자민주주의는 대의민주주의의 내재적 약점인 대표성의 약화를 극복할 수 있는 혁신적 방법론을 제공하고 있지만 반드시 장점만을 가지고 있지는 않다. 우선 정보통신망을 통한 정보접근의 용이성에도 불구하고 그러한 정보의 정확성과 신뢰성에 대한 문제 또한 과다한 정보의 축적이 오히려 시민의 정보수용 내지 처리능력의 범위를 넘어서 판단과 결정에 어려움 내지 혼란을 초래함으로써 올바른 선택이나 정책결정에 방해가 될 수 있다는 점을 인식하여야 한다. 전자민주주의에 대한 기존의 연구나 검토들은 대부분 전자민주주의가 가진 직접적 참여의 장점만을 부각하는 경향이 있어 자칫 전자민주주의가 가질 수 있는 참여결과의 신뢰성과 관련된 이러한 역기능을 간과할 수 있는 위험에 대해서는 관심이나 배려가 부족하였다. 이 연구는 전자민주주의의 강점과 전자민주주의의 도입으로 인한 기회요인(opportunity)뿐만 아니라 실질적 참여주체의 문제라든지 정보통신망과 같은 사이버공간에서의 참여주체의 대표성 문제, 정보격차(digital divide)로 인한 실질적 참여의 불평등 문제 등을 고려한 약점과 위협요인(threat)에 대해서도 균형적 시각으로 접근할 필요가 있을 것이다.

전자민주주의는 전자시대의 디지털 거버넌스라는 새로운 국정패러다임이 정착되는 데 필요한 정책적이고 제도적인 기반을 확충시키게 될 것으로 기대한다. 이것은 전자민주주의를 통해 민주주의의 바람직한 요소들이 더욱더 확대 · 재생산됨으로써 대내적으로 민주정치의 발전뿐만 아니라 대외적으로 민주주의의 세계화에도 기여할 수 있음을 의미한다.

결국 전자민주주의의 성패는 구현방법과 실천기술이 아니라 이를 이용하는 사람의 인식에 있다. 아무리 좋은 수단과 방법이라 하더라도 잘못 이용하거거나 이용목적을 오해하면 의도하지 않은 부작용이 발생할 수밖에 없다. 전자민주주의에 대한 올바른 이해와 성숙한 시민의식을 전제로 한 전자민주주의 도입만이 참여민주주의에 도움이 될 수 있을 것이다.

참고문헌

白井均, 城野敬子, 石井恭子. 2002. 강형기 · 허훈, 안선희 역. 電子政府(Digital Government): IT가 정부를 혁신한다. 서울: 비봉출판사.

권기헌. 2003. 정보체계론: 정보사회와 국가혁신. 서울: 나남출판.

김성태. 2003. 전자정부론: 이론과 전략. 서울: 법문사.
김성태. 2004. 정보정책론: 이론과 전략. 서울: 법문사.
오철호 편. 2001. 정보통신기술과 행정, 김석주, “전자민주주의 확보를 위한 사이버 정부정책포럼의 활성화 방안”. 147~168쪽, 서울: 대영문화사.
박동진. 2000. 전자민주주의가 오고 있다. 서울: 책세상.
이광희. 2005. “참여정부의 전자정부 추진성과와 과제”, 한국국정관리학회 2005년 춘계학술대회 발표논문집. 49~70쪽.
임광현. 2004. “전자정부 구현에 따른 전자민주주의의 가능성과 한계”, 한국정책연구 제4권 제2호, 1~25쪽.

Edwards, Lilian & Waelde, Charlotte ed. 1997. *Law and the Internet: Regulating Cyberspace*, Oxford: Hart Publishing.
Garson G., David. 1999. *Information Technology and Computer Applications in Public Administration: Issues and Trends*, Hershey, USA: IDEA Group Publishing.
Held, David and Koenig-Archibugi, Mathias ed. 2005. *Global Governance and Public Accountability*, London: Blackwell Publishing.
S. Nye Jr., Joseph and D. Donahue, John ed. 2000. *Governance in a Globalizing World*, Washington D.C.: Brookings Institution Press.
Traunm ller, Roland & Lenk, Klaus ed. 2002. *Electronic Government: First International Conference*, EGOV 2002, Aix-en-Provence, France, September 2-6, 2002 Proceedings, Berlin Heidelberg: Springer.
G7 GOL Steering Committee. 1998. 원성묵, 김장현 역. 1999. 세계의 전자정부와 전자민주주의: G7국가 온라인 민주주의 백서, 서울: 커뮤니케이션북스.
Holmes, Douglas. 2001. 박기준 · 김규명 역. 2002. e-business Strategies for Government, 서울: 물푸레.

Part 6

우리나라의 전자정부 추진과 전자민주주의

정철현(연세대학교 행정학과)

우리나라의 전자정부 추진과 전자민주주의

Ⅰ. 서 론

급속히 발전하는 정보통신 기술은 우리의 일상생활과 기업의 경영 방식에 큰 변화를 초래했을 뿐만 아니라 정부 내부의 행정업무 혁신에도 큰 영향을 미치고 있다. 정부는 적극적인 정보화를 통해 내부 업무 효율화와 대민서비스 개선을 추진해왔다. 이러한 노력이 가장 집약적으로 보여진 것이 바로 전자정부 구현이다. 정부는 1996년 '정보화촉진기본법'에 따른 정보화촉진기본계획 수립 이후 1998년 9월 '전자정부 구현전략'을 마련하여 행정업무 혁신의 일환으로서 전자정부를 추진해 왔다. 이러한 전략을 통해 정부는 전자정부 단일 창구(G4C)를 통한 민원혁신을 이루어 내는 등 네트워크화된 열린 정부로의 변화를 계속하였다(정철현 2004b).

지난 '국민의 정부'에서는 2001년 1월 전자정부특별위원회를 구성하고 정부 포털 사이트인 '대한민국 전자정부(www.egov.go.kr)' 를 2002년 11월 1일 공식 출범시킴으로써 중앙정부 차원에서 전자정부사업을 추진하였다. 우리나라 전자정부 웹사이트는 UN의 전자정부 지수에 의한 평가에서 세계 15위, 미국 브라운 대학의 평가에서는 세계 2위를 차지하기도 하였다(Global e-Policy e-Government Institute 2003, 25). 2003년에 들어선 '참여정부' 는 전자정부 사업을 지속적으로 추진하고 있다. 전자정부의 목표는 행정조직의 효율성을 향상시키고 대민서비스를 개선하며 양방향적 '행정-국민관계' 를 통해 국민의 행정참여를 유도한다는 데 있다. 따라서 주민과 접촉빈도가 높고 고객지향적인 전자정부의 구현은 정부의 정책 추진 목표이자 전자민주주의를 위한 전자정부의 핵심적인 개념이라고 할 것이다(정철현 2004c).

행정업무를 재설계하고 행정 내부업무의 효율화와 대민 서비스의 질적 제고를 도모하여 전자민주주의를 실현하는 것은 참여정부의 국정과제인 동시에 전자정부가 보다 국민에게 다가가고 고도화되는 길이라고 할 것이다. 따라서 이 글은 지금까지 우리나라 전자정부 추진 현황과 문제점, 발전 방향에 대하여 살펴보며, 앞으로 전자정부를 통하여 실현될 전자민주주의의 개념과 방향에 대한 정책적 함의를 도출하는데 그 목적을 두고 있다.

II. 전자정부 추진 현황

우리나라의 전자정부 추진의 역사는 행정정보화 사업에서 출발한다고 할 수 있다. 따라서 행정정보화 사업의 추진 경과와 최근 들어 정부에서 추진하고 있는 전자정부라는 개념의 도입 경과를 살펴보는 것이 전자정부를 이해하는 데 기본이 될 것이다. 우리나라의 행정정보화 사업을 살펴보면서 최근의 전자정부 추진에 대하여 기간별 구분을 한다면 크게 네 기간으로 구분할 수 있다(정철현 2004a). 그 시기 및 특징에 관하여 간략하게 살펴보면 다음과 같다.

1. 태동기(1960년대~1970년대)

1960년대 말 이후 초기의 행정전산화는 경제기획원 주도로 이루어졌으며, 최초로 정부 예산편성과 체신부의 시외전화 요금 계산 업무가 국내기술로 이루어졌다. 그 당시는 기술수준 상 대형컴퓨터 주도의 중앙집중식의 전산화가 추진되었다.

1970년대에는 과학기술처에 중앙전자계산소가 설치되었고, 컴퓨터 도입 심의기능이 추가되었다. 공공부문과 민간부문에 걸쳐 전산화 수요가 폭등하였으며 대형 컴퓨터를 공유하는 방향으로 전산화가 추진되었다.

2. 안정기(1980년대 초 · 중반)

이 단계는 행정전산화 계획을 최초로 수립하고 추진한 단계로 1979년에 "행정업무 전산화 추진에 관한 규정"을 제정하였고, 1978년부터 1986년까지 제 1,2차 행정전산화 사업을 추진하여 각종 통계 및 보고서 작성 위주의 전산처리와 인사급여, 연금, 출입국관리 등에 대한 행정전산 프로그램 개발을 추진하였다. 아울러 행정능률 향상 및 부처별 단위업무의 전산화를 추진하였다.

1980년대 전반의 행정전산화 정책은 국가기간 전산망 사업을 중심으로 펼쳐졌다. 그 당시에 사회 전반의 전산화 · 자동화 · 정보화를 본격화하기에는 수용태세가 미흡하여 그 경제성이 확실하지 않았다. 국내 정보산업의 정보관련 기술이 부족하여 그 시장의 기반으로서 국가전산화를 구체적으로 실현시켜 나갈 수 있는 방안으로 제기된 것이 국가기간 전산망 사업이었다. 국가기간 전산망 사업은 공공부문의 컴퓨터를 연결하고 소프트웨어와 데이터베이스를 중앙 집중적으로 개발하고 운영하는 것을 전제로 하며, 이 시기의 중앙집중식 대형컴퓨터 위주의 기술 환경과 중앙집권적인 정치 환경이 이를 가능하게 하였다.

3. 행정전산망 사업기(1980년대 후반~1996년)

이 단계에서는 행정종합정보시스템을 구축하였고, 1986년에는 "전산망 보급 확장과 이용 촉진에 관한 법률"을 제정하는 등 행정정보화의 양적 확산을 도모하였다. 행정전산망 사업은 5대 국가기간망의 종합적인 추진 체계와 연계하여 추진되어 왔다. 제1차 행정전산망 사업은 1987년부터 시작하여 1991년에 완료된 사업으로서 처음에는 6대 우선 추진 업무라고 불렀다. 제2차 행정전산망 사업은 1992년부터 1996년까지 5년간에 걸쳐 추진되었는데, ① 추진대상 업무가 기초업무 수준으로부터 행정정보 공동활용을 중심으로 하는 정책업무 수준으로까지 확대되었다는 점, ② 시스템을 EDPS 수준으로부터 MIS DSS수준으로 발전시키기 위한 행정종합시스템의 구축을 지향한 점, ③ 정부 내에 행정정보 종합유통센터를 구축하고자 한 점, ④ 농산물의 유통, 경제, 통신, 환경 등 UR 관련 정부시책 정보의 지원에 역점이 주어졌다는 점에서 제1차 행정전산망 사업과 구별된다.

4. 전자정부 구축 추진기(1997~2000년)

이 단계는 이전의 양적 확산을 바탕으로 한 질적 고도화를 도모한 단계로서, 전자정부 구현을 실제화한 단계라고 할 수 있다. 1996년에 "정보화 촉진 기본법"에 의거한 '정보화 촉진 기본계획'을 수립하였고, 전자정부 구현을 위한 행정정보화 등 10대 과제를 추진하였으며, 행정정보 공동활용, 전자문서시스템, 열린정부 서비스 등 정부의 국제경쟁력 제고를 위한 명실상부한 전자정부로의 진화를 꾀한 시기이다. 1997년도 정보화 촉진 시행계획 중 행정정보화 촉진 시행계획에 나타나 있는 행정정보화 추진방향에는 "작지만 생산성이 높은 전자정부 구현"을 추진 목표로 삼고 있다. ONE-STOP/NON-STOP 민원행정서비스 실현, 민 · 관 EDI시스템 구축 등의 사업 계획 등을 추진하였고, 1998년은 작고 효율적인 전자정부 구현을 목표로 전년도의 방향을 이어서 추진하였다. 1999년은 작고 강한 전자정부 구현을 기본으로 고객지향적인 행정서비스의 실현을 위하여 행정생산성 향상, 대민서비스 개선, 정보기술기반 강화 등을 하위 목표로 하여 행정정보 공동이용 활성화, 정보화 관련 법 · 제도 개선, 정보기기, S/W 및 응용기술 보급 확대, 공무원의 정보이용 능력제고 등의 사업을 추진하였다.

5. 2000년 이후

정보통신부는 지식정보사회의 기반을 확고히 하고 지식정보산업을 일으켜 실업률을 해소하는 등 경제 도약의 전환점을 이루기 위해 1999년 3월에 '사이버 코리아 21'을 발표하였다. 그리고 1996년 6월에는 '전자정부 종합실천계획'을 수립하여 전자정부 구현을 위한 종합적이고 체계적인 추진 기틀을 마련하였으며, '지식전자정부 추진계획(2000.9)' 도 수립했다. 이와 병행하여 한편으로는 전자정부 구현 기반환경을 조성하고, 뿐만 아니라 2000년 10월부터 2001년 4월까지 IT를 적용하여 국민에게 신속하고 질 높은 서비스를 제공하고 행정의 효율성을 제고하기 위한 5대 민원업무(주민, 부동산, 자동차, 기업, 세금)를 재설계하였다. 그리고 이를 바탕으로 정부대표 전자민원실과 5대 분야 DB의 공동이용시스템을 구축하였다. 그러나 전자정부가 추구하는 목표인 생산성 · 투명성을 향상시키고, 국민의 참여와 이용을 이끌어 내기위한 행정서비스의 제공과 전자민주주의의 실현을 위해서는 더 많은 노력이 요구된다.

Ⅲ. 전자정부 추진의 문제점 및 발전 방향

1. 우리나라의 전자정부 추진 현황

우리나라 전자정부의 수준에 관한 평가는 기관별, 부처별, 지역별 전자정부 구축 및 추진결과에 따라 평가를 받아야 하며 또한 평가의 기준과 주체가 누구인가에 따라 그 결과가 다르게 나타날 수 있다. 따라서 이 연구에서는 전자정부에 대한 세계기구 또는 전자정부 성숙도에 따른 우리나라 전자정부에 대한 간략한 평가를 살펴본 후 현재 전자정부 추진에 있어서 나타나는 문제점을 살펴보고 바람직한 대안을 모색함으로써 향후 전자정부의 발전 방향에 대해 살펴보고자 한다.

현재 우리나라의 전자정부는 완료된 상태가 아니라 계속해서 추진하고 있는 사업이며 따라서 성숙단계를 정확히 평가하는 데는 어려움이 따른다. 하지만 최근 국제기구에 의한 전자정부 평가 결과를 살펴보면 다음과 같다.

2001년도 우리나라의 전자정부 단계는 전자정부 성숙단계의 네 번째 단계에 진입한 것으로 볼 수 있다. UN사무국과 미국행정학회(ASPA)가 공동으로 2001년에 190여 UN회원국을 대상으로 각국의 전자정부 서비스를 측정한 결과 우리나라, 미국, 영국 등은 전자정부 성숙단계 5단계(emerging enhanced interactive transaction seamless) 중 제4단계인 '온라인 거래(transaction)' 단계에 진입한 것으로 평가되고 있다(김석주 2003).

또한 2002년 6월 UN회원국에 대한 전자정부 구현수준을 평가한 결과가 발표되었는데([표5] 참조), 조사결과 우리나라는 2001년도 전자정부 지표(The 2001 E-Government Index)상 15위를 차지하였다. 3.25만점에서 우리나라는 2.30으로 세계 평균인 1.63보다 높은 점수를 기록하였다. 우리나라 전자정부 수준에 대한 평가가 높은 이유는 과거 지속적인 행정정보화 정책과 최근 들어 전자정부특별위원회를 중심으로 전자정부 사업을 중점 추진해온 노력의 결과 때문이라고 할 수 있을 것이다(최선희 2002).

[표 5] UN회원국의 2001 전자정부 수준평가
(최선희 2002, UN 보고서 재인용)

지 표	국 가
상위(2.00~3.25)	우리나라, 미국, 네덜란드, 일본 등을 포함하여 36개국
중간(1.60~1.99)	폴란드, 터키, 말레이시아를 포함하여 26개국
최소(1.00~1.59)	남아공, 인도, 중국을 포함하여 36개국
미흡(1.00 이하)	태국, 세네갈, 캄보디아를 포함하여 35개국

※ 전자정부 상위그룹은 전체의 약 27%에 불과

2. 우리나라 전자정부의 문제점 및 발전방향

방석현(1998)은 우리나라 전자정부를 정부의 비전, 목표와 과제, 실천전략을 상호 비교하면서 분석하고 있는데, 문제점으로 첫째, '국민지향적 · 열린정부' 인 비전은 소극적 정보공개로 인해 달성하는데 한계가 있고 법 · 제도의 개선에도 소극적인 측면이 있으며, 둘째, 목표달성을 위하여 정보시스템과 정보자원의 축적이 전제되어야 하는데 비해 정부 내에서 업무 재설계에서부터 시작하여 이제 초보적인 단계에 머물고 있고, 셋째, 이러한 비전과 목표를 달성하려면 인트라넷과 고도의 일반 공중망이 국민전체에 대한 보편적인 서비스가 가능하도록 되어야 하지만, 초고속망 계획 추진의 정체로 순조로운 지행이 되고 있지 못하기 때문에 행정서비스 부분에서 국민이 원하는 전자정부를 구현하는데 한계가 있다고 지적하고 있다.

권선필(2001)은 우리나라 전자정부 추진상의 문제점을 추진전략, 추진체계, 지원체계의 세 가지 차원으로 나누어 살펴보고 있다. 추진 전략상의 문제점으로는 전자정부에 대한 국민의 체감은 대민 서비스의 혁신을 통하여 가능하지만, 우리나라에서 원스톱 서비스 성공사례는 여권발급 서비스 외에 전무하다고 분석하고 있다. 또한 추진체계상의 문제점으로는 전자정부 사업이 기본적으로 부처별로 추진되어 범정부적 차원의 통합과 연계가 부족한 점을 들고 있다. 따라서 중복투자와 공동활용 미흡으로 예산의 낭비 등 비효율성을 초래한다고 평가한다. 지원체계상의 문제점은 전자정부를 추진하는데 있어서 조직, 사람, 예산, 법 · 제도 등의 지원체계의 확립이 중요한 고려요소이나 이러한 부분에 있어서 아직은 미흡한 수준으로 평가한다.

또한 김석주(2003)는 현재 우리나라의 전자정부의 성숙단계를 정확히 평가하기는 어려우나 정보공동활용 정도, 정부와 국민간의 거래수준 등을 진단한다면, 정보공동활용면에서는 초기 정부 내 개별적으로 구축되던 각종 행정정보시스템(인사, 회계, 전자결재, 지식관리, 민원처리업무)들이 통합되고 있으며, 동시에 개별 부처 단위를 벗어나 부처간, 정부간 연계 및 통합이 확산되고 있다. 또한 각종 정보 및 DB의 공동활용이 확대되고, 정부와 국민간의 거래도 정부 단일창구 구축, 정부통합조달시스템 구축 등으로 단일창구를 통한 민원신청 및 처리도 어느 정도 가능하다고 보고 있다.

명승환(2004)은 우리나라 전자정부의 추진과정에서 가장 큰 문제점은 추진체계라고 보고 있다. 정보화 사업 자체가 빠른 기술변화, 업무영역의 모호성 등으로 인하여 이미 어느 정도의 난맥상을 예고하고 있지만, 1996년 정보화촉진기본계획에 10대 과제 중 하나로 '작지만 효율적인 정부의 구현' 이라는 문구 삽입에서 알 수 있듯이 전자정부의 중요성을 인식하고 있다고 평가한다. 정보화가 확산되고 각 부문의 정보통신기술이 변화의 핵심수단으로 인식되면 각 부처의 업무와 정보화는 분리될 수 없게 된다고 기술하고 있다.

우리나라의 전자정부는 국제기구, 연구기관, 정부부처, 학자들의 보고서나 연구결과를 종합했을 때 국제적으로는 선도그룹에 포함된다고 할 것이다. 하지만 선도그룹에 포함된다는 것이 전자정부의 수준에 문제가 없다는 것을 의미하지는 않는다. 현재 우리나라의 전자정부의 수준을 5단계로 평가한다면 제4단계인 '온라인 거래' 단계에 진입한 것으로 보이는 데, 더 상위의 제5단계로 진입하기 위해서는 다음의 문제점들을 먼저 해결하여야 할 것이다. 첫째, 중앙 정부부처, 정부 부처 내 각 기관, 시, 군, 구 등 지방자치단체의 전자정부 추진을 통합, 조정하여야 한다. 기존에 행정자치부, 정보통신부, 기획예산처 등이 주도하여 전자정부를 추진하다가 전자정부특별위원회를 구성함으로써 이 문제는 어느 정도 해결 가능한 것으로 보인다. 최선희(2002)도 지적하고 있듯이 전자정부특별위원회는 먼저 전자정부의 비전을 구체화하고, 이전과는 차별화된 정보화 추진 양상을 지니며, 사업의 우선순위를 부여하고, 정책과정에 민간인 전문가를 포함시켜 정책결정과정과 결과를 신속히 반영하는 체계를 구축 중이다.

둘째, 현재 정부 내 각종 정보시스템의 표준화 문제이다. 전자결재만 예로 든다면 행정자치부에서 1999년에 '행정기관 간 전자문서 유통 표준'을 수립하여 표준화에 관한 기준을 제시하고 있지만 정보시스템의 공유, 공동활용에 있어서 항상 대두되는 문제로서 정보기술의 표준을 언급하지 않을 수 없다. 이것은 정부 부처간, 지방자치단체, 일반기업, 국민에게도 고품질의 행정서비스를 제공하고자 할 때 우선적으로 해결하여야 할 과제다. 이를 위하여 법·제도적인 지원도 필요하며 기관간, 부처간 협력도 필요하다.

셋째, 정보화 수준에 관한 문제이다. 전자정부를 추진하려면 기본적인 인프라를 구축하여야 한다. 인프라에는 여러 가지를 포함할 수 있다. 이를 크게 하드웨어, 소프트웨어로 구분한다면 하드웨어적인 측면은 기본적인 데이터베이스, PC, 네트워크, 전산망, 기타 정보화 기기 등을 들 수 있고 소프트웨어는 정부기관에 근무하는 공무원, 협력업체 직원, 일반 국민 등을 들 수 있다. 이러한 하드웨어, 소프트웨어 자원에 대한 어느 정도의 수준을 유지하기 위하여 예산과 교육, 훈련 등이 필요하며 지속적인 지원을 통하여 이들에 대한 수준 및 능력을 향상시켜야 한다. 민간부문에 비하여 공공부문, 특히 전자정부 추진에 있어서 예산은 기관장의 의지나 구성원의 관심이 낮을 수밖에 없고 그 결과는 국민에 대한 서비스 질의 낙후를 의미하기도 한다. 또한 민간기관에 근무하는 정보화 전문인력의 수준에 비하여 뒤떨어지지 않는 인력을 확보하는 것도 중요한 고려요소이며, 이러한 우수인력을 유치하기 위하여 각종 인센티브 발굴도 고려할 수 있다.

넷째, 정부 내 업무 재설계 및 전자정부 콘텐츠 강화이다. 정보화를 추진하면서 나타나는 문제점은 기존의 업무방식을 그대로 유지하면서 전자정부를 추진하고자 하는 관료들의 태도에서 나타난다. 즉 정보화 기술을 이용한 행정의 효율성, 효과성 측면은 고려하지 않은 채 기존의 관행으로 인하여 전자정부를 추진하게 되면 정부부처 내 공무원들은 상대적으로 더 많은 업무를 수행하게 되고 이것은 또 다른 행정 낭비를 불러일으킨다. 아울러 전자정부의 콘텐츠가 국민들에게 실질적으로 필요한 요소를 간과한 채 일방적인 정보간을 제공하는 수준에 머무른다면 국민들은 전자정부 홈페이지를 이용하지 않을 것이다. 따라서 전자정부의 추진에는 일반 국민들이 필요로 하는 자료의 구축 및 제공이 필요하다. 이를 위해서 FAQ 또는 Q and A 등의 코너를 운영하는 방안이나 주기적인 설문 등을 통해 국민이 필요로 하는 자료에 대한 수집이 필요하다.

다섯째, 정보격차 및 보안에 관한 문제이다. 모든 국민들에게 동일한 전자정부 서비스를 제공하고자 하는 목적은 행정의 보편적 윤리를 실천하는 것이다. 따라서 소외계층(격오지 거주자, 장애인, 노인층 등)에 대한 배려는 반드시 해결하여야 하는 문제다. 그리고 전자정부를 추진하는 데 있어 국민들이 가장 우려하는 요소는 보안에 관한 부분이다. 만일 자신의 정보가 유출된다거나 오용할 수 있다고 판단하게 되면 국민들은 전자정부의 서비스를 이용하려고 들지 않을 것이고 이것은 궁극적으로 전자정부 성공에 커다란 장애요소로 나타날 것이다.

이상에서 살펴보았듯이 각종 기구나 학자들이 평가한 우리나라의 전자정부 수준은 상당한 수준에 와있는 것을 부인할 수 없다. 이런 여건하에서 앞으로 전자정부는 국민들에게 보편적인 서비스를 제공하는 상태로 발전할 것이다. 즉 현재의 '온라인 거래' 단계에서 '거침없는 상호 교환적 의사소통(seamless)' 단계로 발전하게 될 것이고 이것은 결국 전자정부를 통한 전자민주주의의 실현이라는 상태로 나아가게 될 것이다. 따라서 다음에는 전자정부를 통해 어떻게 전자민주주의를 실현시킬 것인가에 관한 방법과 발전방향에 대해 알아보기로 한다. 그 이전에 우선 전자민주주의에 대한 개념 및 사례를 관련 학자들의 견해에서 알아보기로 하자.

Ⅳ. 전자민주주의의 개념

1. 민주주의

1990년대 들어 전 세계적으로 전자정부 추진이 활성화되면서 우리는 '전자민주주의'란 용어를 자주 듣게 된다. 전자민주주의에 대한 개념과 정의를 알아보기 전에 민주주의가 무엇인가에 대해 간단히 살펴보도록 하자.

민주주의란 최소 강령적 정의, 즉 협의의 정의 차원에서 살펴보면 절차적 민주주의를 뜻한다. 즉 경쟁적 후보자들 사이에서 선택하는 과정에 참여하는 것이 허용됨을 뜻하는 것이다. 이는 자유롭고 공정한 선거경쟁이 제도화되었는가의 여부와 관련된 정의라고 할 수 있다. 이에 슘페터(Schumpeter)는 민주주의를 정치적 리더십을 선택하기 위한 하나의 정치적 방법이라 정의하고 있으며, 립세트(Lipset)는 통치 집단을 교체할 수 있도록 정규적이고 헌법적인 절차를 마련한 정치체제를 민주주의로 규정하고 있다. 이에 비에 실제적 민주주의는 개인적 자유와 평등, 평등과 관련된 실제적 산물로서의 기회의 평등을 의미하며, 이에 달(Dahl)은 지도자보다 일반시민이 더 큰 권리를 행사할 수 있는 절차를 민주주의라고 하면서 사실상 다수결에 의한 다원주의 정치체제를 민주주의라 명명하였다. 또한 그는 정권교체에 있어서 수직적 정권교체가 아닌 수평적 정권교체의 가능성이 보장된 정치체제를 민주주의라 칭하고 있다. 이는 자유롭고 공정한 선거, 포괄적 투표권, 공직 출마권, 표현의 자유, 결사체의 자율성 등이 보장된 정치체제라 할 수 있다.

협의의 민주주의든 광의의 민주주의든 민주주의에 대한 여러 학자들의 개념정의를 종합해 보면 민주주의란 한 마디로 통치권자나 소수의 권력집단의 정치에 대한 영향력 보다 국민 다수가 실제적인 정치권력을 가지고 정치과정에 실질적인 영향을 행사할 수 있는 정치체제이며, 또한 그러한 제도 혹은 절차상의 과정이라 정의할 수 있을 것이다.

이러한 민주주의를 실행하는 방법이나 절차상의 문제에 있어서 고대 그리스의 아고라에서 이루어지던 방식의 직접민주주의 방식은 현대에 이르러 개별 국가당 인구의 급속한 증가와 절차상의 복잡성 증대로 인해 거의 대부분의 국가들이 간접민주주의 혹은 대의민주주의 방식을 채택하고 있다. 그러나 간접민주주의 혹은 대의민주주의의 실행으로 인해 일어나는 여러 가지 부작용, 특히 진정한 의미에서의 '민주주의'의 기본 정신을 퇴색시킬 수 있는 여러 가지 부작용이 표출되고 있는 현대 정치체제의 모순적인 모습에서 우리는 전자 민주주의를 하나의 대안으로 생각해 볼 수 있을 것이다. 다시 말하면 간접민주주의나 대의민주주의에서 파생될 수 있는 문제점의 해결과 급속히 발전하고 있는 정보체계의 기술적 발전을 고려해 보았을 때 전자민주주의는 진정한 의미에서의 '민주주의'를 실현시킬 수 있는 하나의 가능한 대안으로 생각해 볼 수 있다는 것이다.[1]

2. 전자민주주의

전자민주주의는 여러 다른 이름을 가지고 있다. 원격 민주주의(teledemocracy), 모뎀 민주주의(modem democracy), 모자이크 민주주의(mosaic democracy), 누름단추 민주주의(push-button democracy), 사이버 민주주의(cyber democracy), 가상 민주주의(virtual democracy), 그리고 디지털 민주주의(digital democracy) 등이 그것이다. 이렇듯 다양한 이름을 가지고 있는 전자민주주의는 다양한 명칭만큼이나 학자들마다 그 개념정의가 다양하며, 이는 전자민주주의에 대한 접근방식이나 실현가능성 혹은 한계를 설명함에 있어서의 차이에 연유한 것이라 할 수 있을 것이다. 이 글에서는 여러 학자들의 전자민주주의에 대한 기존의 개념정의나 입장에 대해 살펴본 후 나름대로의 전자민주주의에 대해 정의해 보고자 한다.

먼저 아터튼(Arterton)은 전자민주주의를 정보통신기술발전에 힘입어 모든 시민들이 공공정책의 결정과정에 직접 참여할 수 있게

---

1 전자민주주의를 살펴봄에 있어 민주주의의 개념에 대해 살펴보았으나 이 글에서는 굳이 '전자'의 개념에 대해서는 자세히 언급하지 않겠다. 단지 전자민주주의에서 '전자'의 의미는 민주주의를 실행함에 있어서의 방법, 즉 정보통신기술을 사용하여 민주주의를 달성하는 방법으로서의 의미임을 밝혀둔다.

되는 것이라 정의하고 있다. 즉, 새롭게 발전된 정보통신 기술을 통해 국민들이 자신들의 의사를 정책결정과정에 반영하면서 직접민주주의의 실현을 이룰 수 있다고 보았으며, 또한 국민과 정치인들 간에 정보와 의견의 전달을 돕는 정보통신기술의 적용을 의미한다고 보았다. 김성태(2003)는 전자민주주의를 시민들이 정보통신기반을 이용하여 온라인 토론, 선거, 투표 등을 통해 직접 정부의 의사결정에 참여하고 적극적인 정치활동을 가능하게 하는 보다 직접적이고 참여적인 정보사회의 민주주의라 정의하였다(강근복 2003에서 재인용). 또한 토플러(Toffler)는 정보통신기술을 이용하여 일반국민이 정치참여가 가능하게 되는 전자민주주의 사회에는 소수의 엘리트에 의한 정치보다는 일반대중 국민이 광범위하게 정책결정에 참여하는 반(半) 직접민주주의 시대가 될 것으로 전망했다. 간접민주주의나 대의민주주의에서 파생될 수 있는 문제점의 해결과 급속히 발전하고 있는 정보체계의 기술적 발전을 고려해 보았을 때 전자민주주의는 진정한 의미에서의 '민주주의'를 실현시킬 수 있는 하나의 가능한 대안으로 생각할 것이라는 기대에서 토플러(Toffler)는 이러한 민주주의를 모자이크 민주주의라 명명하였다.

벡커(Becker)는 정보통신기술의 발달이 직접민주주의 구현의 방안으로 이용되어야 한다고 주장하며 전자포럼이나 전자공청회와 같은 정보의 교환보다는 시민 개개인의 의사표시가 최대한 반영되는 투표행위가 민주주의 구현의 최선의 방안이라고 본다(오관석

2001). 즉 토플러(Toffler)는 전자민주주의에 대해 정치과정에 참여하는 주체들 사이의 상호작용을 촉진시켜 주는 하나의 도구로 보고 있으며, 벡커(Becker)는 국민들 개개인의 의사표시가 반영되는 투표행위를 중심으로 전자민주주의를 보고 있다. 한편 리차드 홀란더(Richard Hollander)는 그의 저서「Video Democracy, 1985」에서 "새로운 기술은 실제로 직접민주주의를 가능케 할 것이며, 모든 제도적 변화와 더불어 사회시스템에 변화를 초래할 것이다. 비디오 투표는 1차적으로 지방의회 차원에서 이루어질 것이며, 전반적으로 확대될 것이다"라고 표현하고 있다. 이러한 video democracy가 이제 21세기 정보통신기술의 발달로 전자민주주의라는 형태로 새로이 조명되고 있는 것이다(국회정책연구소 2000).

유석진(1997)에 의하면 전자민주주의는 정보통신 기반의 이용을 통하여 정치과정에 대한 시민의 참여가 이루어지는 정보사회의 민주주의라고 정의하고 있다. 즉 국민과 정책결정자 간의 정책결정 관련 정보와 의견의 전달을 돕는 의사소통 기술의 운용을 의미하는 것이다(유석진 1997). 이는 앞서 살펴보았던 토플러(Toffler)의 전자민주주의에 대한 견해와 일맥상통하다고 할 수 있을 것이다. 유석진의 전자민주주의에 대한 정의내용을 잠깐 살펴보자면 그는 민주주의를 과정, 주체, 환경, 대상, 의사소통 구조 등 다섯 가지로 분류한 후 의사소통구조를 제외한 네 가지 요소를 중심으로 기술하였다. 과정은 정책학에서 사용되는 정책과정의 4단계(의제설정, 정책결정, 정책집행, 정책평가) 차원과 민주적 의사결정 과정의 4단계(정보의 공개, 이슈의 이해, 의견수렴 및 토의, 의사결정) 차원으로 구분할 수 있다. 주제는 사업주체와 참여주체로 구분하고 있으며 사업주체는 전자민주주의 사업을 추진하는 주체이며, 참여주체는 추진하는 사업에 참여하는 집단을 의미한다. 요약하자면 유석진은 전자민주주의를 과정, 주체, 환경, 대상 등 네 가지 요소가 상호작용하는 의사결정 체제로 인식한 것이다.

이외에도 강정인은 "정보통신기기의 이용을 통하여 정치과정에 대한 시민의 참여가 이루어지는 정보사회의 민주주의"를 전자민주주의라 하고, 법학자인 윤명선, 박영철(2002)은 "민주주의 기능-특히 의견표명, 토론, 투표, 정책결정과 같은 근본적인 기능-에 영향을 미치고 변화시키는 정보통신기술에 의해 개발된 모든 전자매체를 정치과정에서 활용하는 형태의 민주주의"를 전자민주주의라고 정의하고 있다. 또한 박선희(2000)는 전자민주주의의 개념을 커뮤니케이션의 관점에서 자세히 서술하고 있는데, 그는 정치 커뮤니케이션의 주체인 정부, 정당, 정치인과 시민, 시민단체, 이익집단이 컴퓨터를 매개로 시민의 일상생활과 밀접하게 연관된 공적 사안에 관한 쟁점을 교환하고 토론하며 논의하는 커뮤니케이션 과정을 통해 정책결정과정에 개입함으로써 달성되는 민주주의라고 정의하고 있다(강근복 2003에서 재인용). 한편 손상영(1999)은 전자민주주의는 단순히 전자적 방식에 의해 이루어지는 민주주의를 칭하는 것이 아니라 전자적 의사소통이 사회에서 형성되는 생활세계의 의미와 가치를 정치과정으로 포섭하고 수용함을 의미한다고 설명하면서 여타의 개념 규정들과 달리 전자민주주의의 개념을 좀더 광의적으로 해석하고 있다(강근복 2003에서 재인용).

지금까지 살펴본 여러 학자들의 전자민주주의에 대한 개념 정의를 바탕으로 하여 이 글에서 이해하고 있는 전자민주주의를 정의하자면, 전자민주주의란 정보통신기술, 특히 인터넷 기술의 발달을 바탕으로 국민들로 하여금 정치에의 참여나 정책결정에의 참여를 용이하게 하고 더 나아가 각종 정책결정 과정에 있어 정책결정자와 국민들 사이의 상호의견 교환을 한층 더 효율적으로 실현해 나갈 수 있는 정보화시대의 민주주의라 할 수 있다. 또한 한 가지 덧붙이자면 전자민주주의는 대의민주주의의 한계점을 극복할 수 있는 대안으로서의 의미도 내포한다고 볼 수 있을 것이다.

이러한 전자민주주의에 대해 과연 전자민주주의가 정치과정에 긍정적인 변화를 가져올 수 있을 것인가 혹은 전자민주주의가 대의민주주의의 한계점을 극복할 수 있을 것인가에 대한 다양한 의견은 낙관적 관점과 비관적 관점으로 나누어 살펴볼 수 있다. 낙관적 관점은 다시 정보통신기술의 발달이 현재까지의 지배적인 대의민주주의 제도를 직접민주주의 형태로 전환하게 될 것이라는 적극적 낙관론과 현재의 대의민주주의 제도를 유지하되 그것이 갖고 있는 한계를 보다 민주적인 방식으로 개선할 수 있다는 점진주의적 개량주의 관점으로 나눌 수 있다. 반면에 비관적인 관점에서는 전자민주주의라는 것이 정치적 슬로건에 불과하고 정보통신기술의 발달이 오히려 기존의 지배관계, 불평등관계를 강화하는 새로운 도구에 불과하다고 보고 있다(강상현 2002).

지금까지 우리는 전자민주주의에 대한 기존 여러 학자들의 개념정의에 대해 살펴보면서 전자민주주의에 대해 간략하게 정의를 내려보았으며, 이러한 전자민주주의에 대한 관점에 대해 낙관론과 비관론을 중심으로 간략히 알아보았다. 다음으로는 현재까지 논의되어 왔으며, 또 일부 시행되고 있는 구체적인 전자민주주의의 방법들에 대해 알아보도록 하겠다.

V. 전자민주주의의 방법

1. 전자투표

전자민주주의를 대의민주주의의 한계를 극복할 수 있는 대안의 하나로 제시한다면 전자투표는 전자민주주의의 유형 가운데 가장 눈여겨 보아야 할 유형 중 하나라 할 수 있다.

전자투표는 투표 당일 유권자의 물리적 위치에 구애받지 않고 어디서나 투표할 수 있다는 장점이 있으며 인터넷 공간에 보편적 접근이 가능할 경우 사안별로 그때그때마다 투표를 가능하게 함으로써 디지털 시대에 직접 민주주의를 실현할 수 있는 가능성을 높여줄 것이다(임현백 2001). 이는 또한 만일 인터넷으로의 접근성을 높여준다면 예전의 paper 중심의 투표보다 투표참여율을 높일 수 있을 것이며, 많은 인력과 재정을 절약할 수 있을 것이다. 더욱이 전자투표는 신속한 정책결정을 가능하게 함으로써 정책결정 과정에서의 시간을 절약할 수 있을 것이며, 특히 신속성을 요구하는 정책결정에 있어서는 무시할 수 없는 효율성을 가지고 있다. 특히 투표절차 및 결과 집계처리의 단순화와 관련하여 전자투표는 paper 중심의 기존 투표 방식과 비교하여 많은 시간과 노력을 절감할 수 있을 것이다.

이러한 전자투표를 통한 여론 형성의 사례로는 미국의 Vote Link를 예로 들 수 있다. Vote Link에 참여하는 투표자는 민의를 반영하기 위해 한 표를 행사하고 특정문제에 대한 여론을 한눈에 파악할 수 있다.

전자투표를 실제의 정치과정에 응용한 사례로는 2000년 미국 민주당 대통령 예비선거 도중 애리조나 주 예비선거에서 인터넷 투표를 실시한 것이 대표적이며, 당시 인터넷을 이용한 전자투표를 실시한 결과 이전보다 현저하게 높은 투표참여율을 보여 전자투표에 대한 기대를 낳기도 하였다(오관석 2001). 이외에도 전자투표의 사례로 브라질과 코스타리카를 들 수 있다. 브라질은 투표절차 및 투표 집계처리의 단순화를 위해 정부주도로 전자투표를 실시한 바 있으며, 코스타리카의 경우 1998년 2월 총선에 기존의 투표용지를 사용하는 방식과 인터넷을 이용한 전자투표방식을 병행하여 시행하였으며, 2002년 총선부터는 투표용지를 없애고 전자투표방식을 도입해 오고 있다.

그러나 직접 민주주의를 가장 광범위하게 실천하고 있는 스위스의 경우는 국민전자투표를 실시하지 않고 있는데 그 이유는 인터넷 투표가 투표권의 남용을 유발할 수 있고, 이에 따른 조작의 우려 때문이었다. 또한 인터넷 투표는 투표의 가장 중요한 원칙 중 하나인 비밀투표의 보장과 투표인의 신원확인이 완벽하게 보장되지 못하고 컴퓨터를 통한 데이터의 처리과정에서 투표내용이 조작될 가능성과 전산망 과부하에 따른 위험성 등이 상존하기 때문이다. 또한 전자투표의 경우 정보통신기술에의 접근성과 관련하여 세대간 혹은 교육수준의 차이나 생활수준의 차이에 따른 접근성의 차이에서 비롯되는 정치적인 편향성이 나타날 수도 있다.

위에서 잠깐 지적한 바와 같은 전자투표의 실시와 관련된 여러 가지 부작용들을 줄이고 전자투표 방식을 통한 전자민주주의의 궁극적 목표달성을 위해서는 우선 국민들, 시민들 사이에 여러 가지 형태로 존재하고 있는 정보격차를 해소하고 정보통신기술에의 접근성을 용이하게 해야 할 것이다. 또한 사이버 상에서의 보안문제와 데이터의 전송이나 처리 과정에서의 공정성 보장을 위해 기술적인 문제 또한 조속히 해결되어야 할 것이다.

2. 전자공청회

개별 국민이나 시민들이 특정사안에 대해 토론할 수 있는 장을 사이버 스페이스 상에 마련함으로써 국민들의 의견을 취합하고 정책결정 과정에 참여를 유도할 수 있는 방법으로 전자공청회가 있다. 특정사안에 대한 국민들의 의견개진이나 정책결정 과정에의 참여를 효율적으로 유도할 수 없다는 현재 대의민주주의의 한계점과 관련하여 정보통신기술의 발달로 인한 사이버 스페이스 상에서의 전자공청회는 개별 국민들로 하여금 한층 더 쉽게 정부에 대해 특정사안에 대한 개인의 의견을 피력할 수 있는 기회를 제공할 수 있을 것이며, 정부의 정책결정과정에 참여할 수 있는 기회를 제공할 수 있을 것이다. 특히 지역주민의 일상생활과 밀접한 관련이 있는 정책들을 많이 다루고 있는 지방자치단체의 경우 전자공청회는 지역주민들의 요구와 의견을 실시간으로 쉽게 수렴할 수 있는 방안이 될 것이다. 이러한 전자공청회는 최근 각 정부부처들 중심으로 각 전자정부관련 웹 사이트에서 서비스를 제공하고 있다.

전지공청회의 활용사례를 살펴보면 우선 전자 공청회의 초기 시도 중 하나인 영국 보건성 산하 유전자검사자문위원회(Advisory Committee on Genetic Testing, ACGT)가 1996년 말에 운영한 전자자문(electronic consultation) 절차를 들 수 있다. ACGT는 상원 과학기술위원회의 1995년 보고서 Human Genetics: The Science and Its Consequences에 대응해 영국 정부가 1996년 7월 설립한 자문기구였다. ACGT는 당시 낭포성 섬유증에 대한 상업적 유전자 검사가 영국에서 최초로 제공되기 시작한 상황에 발맞추어 1996년 11월에 "대중에게 상업적으로 직접 제공되는 인간 유전자검사를 위한 실행지침" 초안을 발표하고, 이 초안에 대한 논평을 요청했다. 이 과정에서 문서를 통한 통상적 의견접수와 병행해, 웹상에 지침 초안을 띄워놓고 이에 대한 토론을 할 수 있는 포럼을 운영했다. 자문 일정이 매우 촉박했고 이때만 해도 아직 인터넷 보급 초기였기 때문에 웹 포럼을 통해 그리 많은 의견제시가 이루어지지 않았지만[2], ACGT의 전자자문 시도는 정책기구가 운영한 전자 공청회의 선구적 업적으로 평가받을 만하다.

한국에서도 통일부의 경우 통일문제와 관련된 여러 전문가들이 제안하는 주제에 대해 국민들이 다양한 의견을 게재하고 토론할 수 있는 게시판을 마련해 놓고 있다. 특히 공청회 기간 동안 우수 참여

2 한 달간 총 22건의 게시글이 게시되었다.

자를 선정하여 인센티브를 제공하고 있다. 통일부 전자공청회의 성공적인 사례를 하나 살펴보자면 통일부는 지난 2004년 '탈북자' 라는 용어 사용에 대한 전자공청회를 개최한 바 있는데, 2004년 9월 13일부터 인터넷 홈페이지를 통해 전자공청회 '탈북자 용어를 고쳐주세요' 라는 코너를 통해 탈북자의 새로운 이름 찾기에 나선 바 있다. 이 코너는 1주일 만에 무려 711건의 의견이 접수되는 등 네티즌의 큰 호응과 관심을 받은 바 있으며, 통일부 관계자에 따르면 당시 공청회는 2000년 전자공청회를 개최한 이래 최고의 참여율을 보이고 있는 것으로 나타났다. 위의 사례에서 볼 수 있듯이 국민들의 참여를 유도한다는 점에서 통일부의 이러한 전자공청회 제도는 큰 효과를 발휘할 수 있을 것이라 본다.[3]

그러나 이러한 전자공청회 제도가 그 목적한 바를 제대로 달성하기 위해서는 우선 공중으로서의 네티즌을 육성해야 할 것이다. 참여에의 유도 또한 중요한 사안이긴 하지만 전자공청회제도의 시행에 있어 우선적으로 고려해야 하는 것은 바로 책임 있는 민주시민으로서의 네티즌 육성인 것이다. 인터넷이 반드시 공중으로서의 네티즌을 육성하지는 않는다. 사이버 공간이 상호소통의 시민사회공동체를

---

3 이러한 의견에 대해 다른 몇몇 학자들은 반대의견을 제시하기도 한다. 대표적으로 윤영민은 사이버 공간의 익명성이 공공영역이 요구하는 이상적 담화 상황을 만들지 않는다는 것이다. 사이버 공간에서 서로가 누구인지도 모르는 상황에서 공공문제에 관해 진지하게 대화를 나누고 해결책을 모색한다는 것은 어려우며, 따라서 익명성이 지배하고 신뢰가 부족한 전자 토론장이 발언대나 의사표시 공간은 될 수 있지만 진정한 공공영역은 될 수 없다는 것이다.(윤영민. 사이버공간의 정치.pp144 - 146)

구축하는 방향으로 가기보다는 시장에서의 소비를 위한 새로운 도구로 변질되고 있는 현시점에서 인터넷의 상업적 도구화가 네티즌의 공동체적 성격을 퇴색시키고 네트워크를 개인화 시킬 우려가 있기 때문이다(한국정치학회 2001). 결국 전자공청회 제도가 효율적으로 시행되고 정착되기 위해서는 책임감 있는 공동체 의식이 네티즌들 사이에 뿌리를 내려야 한다는 것이다. 최근 사이버상에서 이루어지고 있는 의견개진을 빙자한 무분별하고 책임의식 없는 네티즌들의 토론문화로 미루어 볼 때 전자공청회의 실질적 정착을 위해서는 개개인의 국민이나 시민들에 대한 의식교육이 시급하다고 할 수 있다.

또한 전자공청회에 있어 각 사안별로 전문가들의 참여가 필요할 것이다. 단순한 의견개진만을 위한 전자공청회가 아니라 실제적으로 특정사안에 대해 토론하고 그 내용이 정책결정에 효율적으로 적용되기 위해서는 일반 국민들의 참여뿐 아니라 일선 담당공무원이나 학계전문가들의 참여가 필수적이라 할 수 있다.

3. 키오스크(kiosk)

키오스크란 터치스크린과 사운드, 그래픽, 통신카드 등 첨단 멀티미디어 기기를 활용하여 음성 서비스, 동화상 구현 등 이용자에게 효율적인 정보를 제공하는 무인 종합정보 안내 시스템을 말한다. 이러한 키오스크는 공공장소에 설치되어 정보의 공유성과 형평성을 보완할 수 있으며, 각종 정보 서비스를 가능하게 해준다. 또한 문자뿐만이 아니라 영상과 음성 등의 다양한 정보를 축적하여 필요에 따라 정보검색 및 안내가 가능하며 관람안내로부터 여행 가이드에 이르기까지 종래는 문자와 그림만으로 전해주던 정보를 동영상이나 음성을 사용하여 새로운 형태로 제공하고 있다. 최근 들어 많이 눈에 띠는 버스노선 안내나 지역안내 박스가 그 대표적인 예라 할 수 있으며, 대게 터치스크린 방식을 사용하여 조회나 출력이 가능하도록 서비스를 제공하고 있다.

이러한 키오스크의 성공사례에 대해 살펴보면 우선 한국의 통계청 사례를 살펴볼 수 있다. 통계청은 1995년 11월부터 '통계정보 터치스크린' 이라는 키오스크를 통해 약 200여 종의 통계자료를 서비스하고 있으며, 서울역, 공항, 창원, 대전시청 등에 설치 가동 중이다. 그 주요기능을 살펴보면 통계청 소개, 간추린 통계, 국토 인구 주택 노동, 산업생산 에너지, 물가 가계, 국민소득 재정금융, 국제통계, 생활정보, 농업, 교통 통신, 국제 수지 대외거래, 교육 보건 사회 환경 등에 대해 정보를 제공하고 있다. 또한 철도청은 철도승차권을 언제 어디서나 편리하게 구입할 수 있도록 하기 위해 지난 1994년부터 주요 역에 승차권 발매 키오스크를 설치하여 운영하고 있으며, 현재 그 이용객수가 급격히 증가하고 있는 추세다.

외국의 사례에 대해 살펴보면 미국의 캘리포니아 주에서 실시하고 있는 Info/California를 들 수 있다. 캘리포니아 주 정부는 시민들의 실생활에 유용한 다양한 서비스들을 편리한 장소에서 제공받을 수 있도록 하기 위해 키오스크를 제작하여 사용하기 시작하였다. 주 정부는 물량 쇼핑센터, 슈퍼마켓, 도서관 등 시민이 많이 모이는 공공장소에 24시간 운영되는 키오스크를 설치하여 시민들이 편리한 장소에서 각 정부기관들의 서비스를 제공받을 수 있게 함으로써, 시민들이 여러 기관들을 돌아다니는 불편을 감소시킬 뿐만 아니라 정부와 시민의 거리감을 줄이는 효과를 볼 수 있었다.

캘리포니아 주 정부의 키오스크 설치운영에 대한 사용조사결과를 살펴보면 우선 샌디에고와 새크라멘토에 설치된 15개의 키오스크에 대하여 처음 설치 후 14개월 동안의 운영실적 분석결과, 이 기간동안 약 35만 명, 즉 하루 평균 56명이 키오스크를 사용한 것으로 나타났다. 사용자 중 56%는 근무시간(월~금, 오전 7시~오후 5시) 이외의 시간대를 이용하였으며, 이 조사의 응답자 중 54%는 키오스크로 인해 정부기관에 접촉하기 위해 필요했던 전화, 편지, 방문 등을 줄일 수 있었다고 응답했다. 또한 71%는 키오스크가 사용하기 쉽다고 응답했으며, 81%는 정부기관에의 접근이 훨씬 나아졌다고 응답하였다(The Governor's Council on Information Technology 1995). 또 이용도가 높은 서비스는 주립공원 소개, 캠핑/여행 정보, 보트법, 지진정보, 사냥/낚시 면허, 주립공원 정보, 장학

금 정보, 태아 보호, 지역 단과대학, 캘리포니아 주립대학 정보, 실업 정보, 주립공원 예약, 캘리포니아 대학교, 장애보험, 세금 정보 등 시민들의 생활과 밀접한 사항들이 이용도가 높은 것으로 나타났다.

최근 전자정부의 추진방향과 관련하여 수요자 중심의 행정서비스 제공과도 밀접한 관련이 있는 키오스크는 방대한 정보를 일반 대중들에게 효율적으로 전달할 수 있다는 점에서 상당히 효과적이라 할 수 있다. 또한 행정 서비스의 공급자 입장에서도 광범위한 정보를 시민들에게 전달함에 있어 시간과 노력을 크게 절감할 수 있다는 측면에서 효과적이라 할 수 있다. 특히 그 작동방식이 매우 간단하여 세대간 혹은 교육수준의 차이에 따라 나타날 수 있는 정보격차 역시 줄일 수 있는 장점이 있다. 전자민주주의의 구현에 있어서 나타나는 문제점 중 가장 시급히 해결해야 할 문제 중 하나가 정보 격차 해소라고 한다면 키오스크의 효율적 사용은 전자민주주의 구현을 위한 하나의 방법이 될 수 있을 것이다.

특정 정보를 수집하기 위해 관련 관공서를 찾거나 시간과 비용이 드는 여러 가지 행정적 절차를 거쳐야 한다는 것은 행정서비스의 수요자 입장에서는 서비스의 질이 낮음을 느낄 수밖에 없으며, 공급자의 입장에서도 시간과 노력, 비용의 낭비에 따른 비효율성을 극복할 수 없을 것이다. 정보의 공유와 효율적 전달을 위해 도입하는 키오스크는 위에서 언급한 여러 가지 문제점을 해결할 수 있는 하나의 방법이 될 수 있을 것이다. 그러나 현재의 단방향식, 즉 저장되어 있는 정보를 단순하게 제공하는 방식이 아닌 쌍방향식의 정보전달 방식으로의 전환이 필요할 것이다. 최근의 경향은 단순한 정보전달을 위해 정보통신기술을 사용하는 것이 아니라 상호작용에 초점을 맞춘 쌍방향식 소통이 점점 그 중요성을 더해 가고 있다. 이러한 상황에서 기존의 키오스크에서의 정보전달 방식은 앞으로 기술적 측면이나 행정 서비스의 제공측면에서 더욱 발전해야 할 필요성이 있다고 할 수 있다. 이미 이러한 키오스크 방식의 정보전달은 공공영역뿐만 아니라 기업체와 같은 사적인 영역에서 더욱 활발히 사용되고 있다. 대형 쇼핑몰에서의 매장 안내나 놀이공원과 같은 레저시설에서의 위치 안내도 등이 그 대표적인 예라 할 수 있을 것이다. 사적인 영역에서 사용되고 있는 키오스크에서 제공하는 서비스에 더해서 공공영역에서 사용되고 있는 키오스크의 경우는 정보전달의 한 방식으로서 뿐만이 아니라 정보의 공유성을 향상시키고 더 나아가 정보배분의 형평성 측면을 고양시키는 방향으로 발전해 나가야 할 것이다.

Ⅵ. 전자정부를 통한 전자민주주의 구현

방석현(1998)은 전자정부의 추진 목적, 수단으로서의 정보기술과 정보의 활용정도, 전자민주주의의 실현 가능성 등을 기준으로 전자정부를 능률형 전자정부, 서비스형 전자정부, 민주형 전자정부로 분류하고 있고, 이 유형론에 기초하여 전자정부의 발전 단계를 능률형 전자정부에서 궁극적으로 민주형 전자정부로 나아갈 것이라고 언급하고 있다.

명승환(2004)은 전자정부 앞으로의 변화 양상을 행정 투명성과 거버넌스 모형에 따라 능률성(efficiency), 효과성(effctiveness), 대응성(responsiveness)와의 관계에서 분석하고 있다. 행정의 투명성이 높아진다고 가정할 때 관료는 지속적으로 소비자 행태를 주시하여 보다 능률적인 방향으로 업무행태를 조정해 나가고 따라서 "공개 혹은 사용되는 자료와 정보가 신속 · 정확하게 제공될수록 행정의 투명성이 높아질 것이다"라고 가정한다. 효과성과의 관계에서는 내부구성원인 관료들은 끊임없이 고객(client)과 대화(dialogue)를 하여야 하고 그들의 요구와 선호의 변화에 대응하여야 하며 관료가 대응자(reactor)로서 상호 기대수준의 격차를 줄이기 위하여 대화의 노력을 많이 할수록 행정투명성도 높아질 것이라고 가정하고 있다. 그리고 대응성과의 관계에서는 시민이 의사결정과정에 적극적으로 개입하여 결과에 중대한 영향을 미칠 경우 관료는 매우 무거운 책임을 지니며, 보다 고도화된 의사소통시스템 하에서 고유업무를 수행하기 어려운 경우가 생길 수 있으나 관료의 중재능력이 증가할수록 행정의 투명성 수준도 높아갈 것으로 가정하고 있다.

참여정부에서 가장 주안점을 두고 있는 것은 바로 국민의 의견을 정책결정과정에 반영하는 것이라 하여도 과언이 아니다. 따라서 관련 학자들의 견해와 전자정부의 발전 단계에 비추어 전자정부는 국민의 정책결정 과정의 참여를 확대하는 방향으로 추진되어야 한다. 우리나라와 각 국가에서는 민주주의를 실행하는 방법이나 절차상의 문제에 있어서 고대 그리스의 아고라에서 이루어지던 방식의 직접민주주의 방식은 현대 이르러 개별 국가당 인구의 급속한 증가와 절차상의 복잡성 증대로 인해 거의 대부분의 국가들이 간접민주주의 혹은 대의민주주의 방식을 채택하고 있다. 하지만 간접민주주의나 대의민주주의에서 파생될 수 있는 문제점의 해결과 급속히 발전하고 있는 정보체계의 기술적 발전을 고려해 보았을 때 전자민주주의는 진정한 의미에서의 '민주주의'를 실현시킬 수 있는 하나의 가능한 대안으로 실천 가능하다. 즉 새롭게 발전된 정보통신 기술을 통해 국민들이 자신들의 의사를 정책결정과정에 반영하면서 직접민주주의의 실현을 이룰 수 있고, 또한 국민과 정치인들 간에 정보와 의견의 전달을 돕는 정보통신기술의 적용이 가능하다고 할 수 있다. 다시 말하자면 정책과정의 4단계(의제설정, 정책결정, 정책집행, 정책평가)와 민주적 의사결정 과정의 4단계(정보의 공개, 이슈의 이해, 의견수렴 및 토의, 의사결정)를 유기적으로 조화시킴으로써 정책결정자와 국민들 사이의 상호 의견교환을 실현하고, 정책결정을 더욱 효율적으로 실현하는 환경을 구축할 수 있다.

전자민주주의의 목표는 다양한 경로를 통하여 대의민주주의의 한계를 극복하는 것이라고 할 때 전자정부는 전자민주주의를 실현하는 하나의 방법이 될 수 있다. 전자정부가 완전한 전자민주주의를 실현하는 데 있어서 목적이 될 수는 없다 하더라도 하나의 수단으로서는 가능하다. 또한 앞서 기술한 전자투표, 전자공청회, 키오스크 등 일련의 전자민주주의 실현사례에서 보듯이 전자민주주의가 단지 국민의 주권을 행사하는 참정권, 투표권에 머물 것이 아니라, 전자정부를 통한 정보의 공개, 정보제공의 확대, 의사결정과정에서의 국민 참여 확대, 상호 쌍방향적 의견 교환 등의 방향으로 나아가야 할 것이다.

Ⅶ. 결 론

지금까지 전자정부의 추진 현황과 전자민주주의를 살펴본 결과를 요약하면 다음과 같다.

우리나라의 전자정부는 각 국가의 전자정부 구현 수준에 비하여 상위그룹에 포함은 되지만 아직 출발점에 처해 있으며 계속 발전해가고 있는 상황에 놓여 있다. 따라서 우리나라의 전자정부를 성공적으로 실현하기 위해서는 다음과 같은 몇 가지 문제점을 해결하여야 한다.

첫째, 중앙 정부부처, 정부부처 내 각 기관, 시, 군, 구 등 지방자치단체의 전자정부 추진을 통합, 조정하여야 한다. 둘째, 현재 정부 내 각종 정보시스템의 표준화 문제다. 부처간, 지방자치단체, 일반기업, 국민에게도 고품질의 행정서비스를 제공하고자 할 때 우선적으로 해결하여야 할 과제다. 셋째, 정보화 수준에 관한 문제다. 전자정부를 추진하려면 기본적인 인프라를 구축하여야 한다. 또한 민간기관에 근무하는 정보화 전문 인력의 수준에 비하여 뒤떨어지지 않는 인력을 확보하는 것도 중요한 고려요소이며 이러한 우수인력을 유치하기 위하여 각종 인센티브 발굴도 고려할 수 있다. 넷째, 정부 내 업무재설계 및 전자정부 콘텐츠 강화이다. 만일 기존의 업무방식을 그대로 유지하면서 전자정부를 추진하게 되면 또 다른 행정 낭비를 초래하게 될 것이다. 다섯째, 전자정부의 콘텐츠가 국민들에게 실질적으로 필요한 요소를 간과한 채 일방적인 정보만을 제공하는 수준에 머무른다면 국민들은 전자정부 홈페이지를 이용하지 않을 것이다. 따라서 일반 국민들이 원하고, 필요한 자료의 구축, 제공이 필요하다. 이를 위해서 FAQ 또는 Q and A 등의 코너를 운영하는 방안이나 주기적인 설문 등을 통한 국민이 필요로 하는 자료에 대한 수집이 필요하다. 여섯째, 정보격차 및 보안에 관한 문제다. 소외계층(격오지 거주자, 장애인, 노인층 등)에 대한 배려는 반드시 해결하여야 하는 문제다. 그리고 일반국민은 자신의 정보가 유출된다거나 오용할 수 있다고 판단하게 되면 전자정부의 서비스를 이용하려고 들지 않을 것이고 이것은 궁극적으로 전자정부 성공에 커다란 장애요소로 나타날 것이다.

이러한 문제점을 해결하고자 노력한다면 전자정부는 성공적으로 추진될 수 있으며 진정한 의미에서의 '민주주의' 를 실현시킬 수 있는 하나의 가능한 대안으로서 전자정부는 실천 가능하다. 즉 새롭게 발전된 정보통신 기술을 통해 국민들이 자신들의 의사를 정책결정 과정에 반영하면서 시민의 참여를 활성화하여 직접민주주의를 실현할 수 있다.

전자민주주의의 목표는 다양한 경로를 통하여 대의민주주의의 한계를 극복하는 것이라고 할 때 전자정부는 전자민주주의를 실현하는 하나의 방법이 될 수 있다. 따라서 국민의 참여를 통하여 전자정부가 추진되고 국민이 요구하는 맞춤식 서비스의 제공과 아울러 행정의 투명성이 확보된다면 전자정부는 발달된 단계인 전자민주주의의 형태로 발전할 것이다. 즉 국민의 실생활에 다가가 편리함을 제공하고, 행정의 투명성을 제고하는 전자정부의 발달은 결국 국민들이 정책결정 과정에 다양하게 참여하는 것을 보장하는 전자민주주의의 형태를 띠게 될 것이다.

참고문헌

강근복 외. 1999. 『지식정보사회와 전자정부』. 서울: 나남출판사.

강근복. 2002. 『미국의 전자정부: 성과와 교훈』. 대전: 충남대학교 사회과학연구소.

——. 2003. 「전자민주주의의 상(像)」. 『충남대학교 논집』 제5권.

강경식. 1997. 『새로운 정치모델과 전자민주주의』. 서울: 박영률출판사.

강상현. 2002. 「전자민주주의에 관한 이론적 논의의 지형」. 『한국언론학보』 제46권 3호.

국회정책연구소. 2000. 『전자민주주의와 정치참여』. 서울: 국회정책연구소.

권기헌. 1999. 『전자정부와 행정개혁 패러다임, 모형 그리고 개혁』. 서울: 커뮤니케이션북스.

권선필. 2001. 「우리나라 전자정부 추진의 문제점과 정책방향에 관한 연구」

김광웅. 1998. 「정보화사회에서의 정부의 역할, 전자민주주의와 미래의 정부」. 한국공공정책학회 발표논문.

김석주. 2002. 「우리나라 전자정부사업의 추진방향과 과제」. 『사이버 커뮤니케이션학보』 통권10호.

——. 2003. 「우리나라 전자정부 발전방안에 대한 모색: 현황과 향후 추진방향을 중심으로」. 『정보통신정책연구』 제10권 제2호.

김영석. 2000. 『디지털미디어와 사회』. 서울: 나남출판.

김영훈, 한상희, 도준호. 1998. 『전자민주주의의 법적 수용방안』. 서울: 정보통신정책연구원.

명승환, 최영훈. 2004. 「전자정부 추진과정과 비판: 주요 이슈별 문제점 진단과 개선방안」.

문신용. 2001. 「전자행정서비스 활성화를 위한 인터넷의 활용과 과제」. 『한국행정연구』 제10권 제2호.

박국흠. 2003. 「전자정부 단일창구가 지방행정조직에 미치는 효과」. 『지방연구』 제17권 1호.

박동진. 2000. 『전자민주주의가 오고 있다』. 서울: 도서출판 책세상.
방석현. 1998. 「전자정부 유형론과 한국 전자정부 구상에 대한 평가」. 서울대학교 행정대학원. 『행정논총』 제36권 제2호.
서울시립대 전자정부연구소. 2002. 『세계의 전자정부』. 서울: 서울시립대 전자정부연구소.
송기도, 이황근. 1998. 「전자민주주의의 발전과 전망」. 『호남정치학회보』 제10권.
송희준, 최홍석. 2002. 「전자정부사업의 투명성 제고효과: 현황과 전망」. 『한국정책학회 하계학술대회 자료집』. 337~358쪽.
안문석. 1996. 「한국정부의 정보화 현황 및 과제」. 『한국행정연구』 제5권 제3호.
오강탁. 2001. 「전자정부 평가방법론 및 지표개발에 관한 시론적 연구」. 『정책분석평가학회』 제11권 제2호.
오강탁. 2003. 「통합적 전자정부 발전모형에 따른 한국 전자정부의 수준진단과 향후 발전 방향」. 『한국정책학회보』 제12권 제1호.
오관석. 2001. 「전자민주주의 실현과 정치과정 변화」. 『호남정치학회보』 제13집.
오연천. 1997. 「정부개혁의 기조변화와 고객지향적 전자정부론」. 서울대학교 행정대학원. 『행정논총』 제35권 제1호.
임현백. 2001. 『정보화사회의 민주주의』. 서울: 도서출판 오름.
전자정보연구소. 2002. 『세계의 전자정부』. 서울: 전자정부연구소.
정국환. 2001. 「전자정부와 지방의 일하는 방식의 변화」. 『전자정부와 지방행정』.
정철현. 2001. 『행정정보체계론』. 서울: 법문사.
——.. 2004a. 『최신 행정학』. 서울: 다산출판사.
——. 2004b. 「전자지방정부의 구현과 정책과제」.
——. 2004c. 「전자정부 웹사이트 이용의 영향요인에 관한 연구」. 『한국행정연구』 제13권 제4호.
조현걸. 2000. 「전자민주주의의 몇 가지 쟁점과 새로운 환경설정」. 『대한정

——치학회보』 제8집 1호.
최선희. 2002.「전자정부서비스의 추진현황 및 강화방안」.『정보통신정책』 제14권 제13호.
최호준. 2002.『시민행정학』. 서울: (주)디자인네트.
한국전산원. 2002.『Beyond e-Government 비젼 및 추진전략개발 중간보고서』. 서울: 한국전산원
한국정치학회. 2001.『정보사회와 정치』. 서울: 도서출판 오름.
황의서. 2000.「전자민주주의론」.『한국국민윤리학회』 제45호.

Cresswell, Anthony M. and Theresa A. Pardo. 2001 "Implications of legal and organizational issues for urban digital government development," *Government Information Quarterly*, 18: 269-278.
Ho, Alfred Tat-Kei. 2002. "Reinventing Local Governments and the E-Government Initiative." *PAR*. 62(4): 434~444,
Jaeger, Paul T. 2003. "The Endless Wire: E-Government as Global Phonomenon" *Government Information Quarterly*, 20: 323~331.
Jaeger, Paul T. and Kim M. Thompson. 2003. "E-governement around the world: Lessons, challenges, and future directions," *Government Information Quarterly*, 20: 389~394.
Kaylor, Charles, Randy Deshazo and David Van Eck. 2001. "Gauging e-government: A report on implementing services among American cities," *Government Information Quarterly*, 18: 293~307.
Kumar, Vinod, Bharat Maheshwari and Uma Kumar. 2002. "ERP systems implementation: best practices in Canadian government organizations," *Government Information Quarterly*, 19: 147~172.
McGregor, Michael A and JoAnne Holman. 2004. "communication technology at th Federal Communications Commission: E-government in the public interest?" *Government Information Quarterly*, 21: 268~283.

Office of Management and Budget. 2002. *E-Government Strategy*, Executive Office of the President, OMB.

Pardo, Theresa A. 2000. "Realizing the Promise of Digital Government: It' s More than Building a Web Site," IMP/Information IMPACTS Magazine

Reddick, Cristopher G. 2004. "A two-stage model of e-government growth: Theories and empirical evidence for US cities," *Government Information Quarterly*, 21: 51~64.

Relyea, Harold C. 2002. "E-gov: introduction and overview," *Government Information Quarterly*, 19: 9~35.

Salem, Jr., Joseph A. 2003. "Public and private sector interests in e-government: a look at the DOE' s PubSCIENCE," *Government Information Quarterly*, 20: 13~17

The Working Group on E-Government in the Developing World. 2002. *Roadmap for E-Government in the Developing World*, Pacific Council on International Policy.

Ward, Mark A. and Scott Mitchell. 2004. "A comparison of the strategic priorities of public and private sector information resource management executives," *Government Information Quarterly*, 21: 284~304

Wescott, Clay G. 2002. E-Government in the Asia-Pacific Region. Working Paper.

World Markets Research Centre. 2001. *Global E-Government Survey*, World Markets Research Centre, USA.

찾아보기

저 자 약 력

▶ 최연식

연세대학교 정치학 박사. 연세대학교 정치외교학과 조교수.

|주요 저술| 『창업과 수성의 정치학』(집문당, 2003), "聖과 俗의 대립: 조선 초기의 유불논쟁" 『정치사상 연구』 11집 1호(2005), "정암 조광조의 도덕적 근본주의와 정치개혁" 『한국정치학회보』 37집 5호(2003)외 다수

▶ 양진석

미국 남가주 대학(University of Southern California) 정치학 박사. 현재 연세대학교 정치 외교학과 강사.

|주요 논문| "존 롤즈의 중첩적 합의에 대한 인식론적 비판", "미국 신 보수주의의 역사적 전개", "정의로운 전쟁 이론과 이라크 전쟁" 등

▶ 이황직

연세대학교 사회학 박사. 현재 숙명여자대학교 의사소통능력개발센터 교수.

|주요 논문| "근대 한국의 윤리적 개인주의 사상과 문학에 관한 연구"(박사학위 논문), "공동체의 도덕적 기초에 대한 사회이론적 고찰", "한국 사회운동 참여자의 문화적 습속" 등

▶ **조성대**

미국 미주리주립대 정치학 박사. 현재 한신대학교 국제관계학부 부교수.

|주요 논문| "Issues, the Spatial of Voting, and British General Elections : A Comparoson of Proximity and Directional Models", "공간이론(Spatial Theory)과 미국 다수후보(Multicandidate) 대통령선거: 1968, 1980. 1992. 1996 사례", "4.15총선과 한국정치의 갈등구조: 지역주의와 갈등의 대체" 외 다수

▶ **정철현**

뉴욕대학교(New York University) 행정학 박사. 현재 연세대학교 행정학과 교수.

|주요 저술| 『문학연구와 문화정책』(서울경제경영), "전자정부 웹사이트 이용의 영향요인에 관한 연구", "남북 IT교류 협력방안>" 외 다수

▶ **정현백**

연세대학교 행정학 박사. 현재 연세대학교 국가관리연구원 연구교수.

|주요 논문| "지방공사의료원 발전방안", "로컬거버넌스이론을 통한 지방분권전략의 모색" 등

한국의 사회개혁과 참여민주주의

2006년 1월 17일 | 1판 인쇄
2006년 1월 20일 | 1판 발행

지은이 | 양진석, 이황직, 조성대, 정철현, 정현백, 최연식
발행인 | 김은중
발행처 | 도서출판 서울경제경영

주소 | 120-808 서울특별시 서대문구 대현동 67-5 대현빌딩 6층
전화 | (02) 313-2682
팩스 | (02) 313-8860

등록 | 1998년 1월 22일 제5-63호

ISBN 89-88106-31-8 03340 정가 18,000원
※ 파본은 바꾸어 드립니다.